序一

跑步之前，先了解自己的身体

作为一种充满魅力又低门槛的运动项目，跑步对大多数人来说想必是非常熟悉的。然而，跑步看似简单，实际上有许多相关事项值得每一位跑者注意。当跑者迈出跑步的第一步之前，要对自己的身体有一个大致的了解。

人体的九大系统

人体由九大系统组成，分别是运动系统、消化系统、呼吸系统、泌尿系统、生殖系统、内分泌系统、免疫系统、神经系统和循环系统。这九大系统之于人体，就相当于个体之于整体，它们各司其职又相互协作，保障人体正常运转。

运动系统负责“挑大梁”的工作，对体重、内脏起着支撑与保护作用，帮助人体维持基本形态。消化系统像一座“食品加工厂”，通过食道将食物运送到胃，经过消化提取营养，再把营养物质传输到身体的各部位，最后将无法吸收的物质排出体外。呼吸系统如同人体与外界的“交流窗口”，主要任务是完成气体的交换。泌尿系统负责将身体新陈代谢后产生的废物和多余的液体排出体外，确保体内环境的清洁。生殖系统扮演“生命延续者”的角色，负责繁衍后代，维持个体的第二性征。内分泌系统像一个精密的“信息传递网络”，通过激素的分泌调控身体的各种生理活动，促进新陈代谢，维护体内环境的稳定。免疫系统是身体的“防御部队”，主要任务是对抗外来的病原体，保护身体不受侵害。神经系统扮演“总指挥”的角色，通过快速地传递信息，调节身体各系统的活动。循环系统相当于体内的“物流中心”，负责将氧气和营养物质输送到身体的每一个角落，同时完成血液的全身循环。

在这九大系统中，和跑步关系最为密切的当数循环系统、呼吸系统、运动系统和神经系统。

循环系统

在跑步时，循环系统能够持续调节人体的心率、血压、血液循环等，助力降血压、强化心肌、改善血脂水平等，让人体始终保持在比较健康的机体循环状态。

呼吸系统

在跑步的过程中，鼻腔、咽部、喉部、气管、支气管和肺部共同参与呼吸活动，可以说，健康的呼吸系统是跑步运动的有效保障。相应的，经过长期规律的跑步锻炼，人体的呼吸系统能够得到增强，如提高肺活量、增强人体呼吸肌的力量等。

运动系统

运动系统和跑步的关系非常密切，正因为运动系统的支持，人体才能在大脑的指令下完成各种各样的动作。运动系统包括三个“小系统”，即骨骼系统、肌肉系统和关节系统。跑步既依赖这三个小系统的通力合作，又能促进这三个小系统的健康发展。

跑步觉醒

飞奔吧

陈　昊◎著

汕頭大學出版社

图书在版编目（CIP）数据

跑步觉醒 : 飞奔吧! / 陈昊著. -- 汕头 : 汕头大学出版社, 2025. 6. -- ISBN 978-7-5658-5617-4

Ⅰ. G822

中国国家版本馆 CIP 数据核字第 2025BC8666 号

跑步觉醒 : 飞奔吧!

PAOBU JUEXING : FEIBEN BA!

著　　者：陈　昊
责任编辑：汪艳蕾
责任技编：黄东生
封面设计：优盛文化
出版发行：汕头大学出版社
　　　　　广东省汕头市大学路 243 号汕头大学校园内　邮政编码：515063
电　　话：0754-82904613
印　　刷：定州启航印刷有限公司
开　　本：710 mm×1000 mm　1/16
印　　张：14
字　　数：200 千字
版　　次：2025 年 6 月第 1 版
印　　次：2025 年 6 月第 1 次印刷
定　　价：88.00 元
ISBN 978-7-5658-5617-4

神经系统

通过跑步，人体的神经系统能够分泌大量的多巴胺，让人感觉到快乐和放松。而且，长期坚持跑步还能增强神经元的连接，提高人体内部神经信号的传递效率。

关于健康检查

身体就是我们跑步的“筹码”，如果盲目去跑，没有任何预先准备，就相当于把自己置身于一场毫无准备的豪赌，风险太大。只有了解自己的身体状况，才能知道自己适不适合跑步、适合怎样的跑步模式、应该制订什么样的跑步计划。

那么，我们应该怎样了解自己的身体状况呢？有一个快速、简单的方式，那就是做一次比较系统的全方位体检，看看自己是否有潜在的疾病，如心血管疾病、呼吸系统疾病、肝肾类疾病等，从科学的角度来评估自己的身体状况。

我们可以着重进行以下方面的检查：心脏健康检查、肺功能检查、血压检查、血糖检查、关节和肌肉健康度检查等。这些检查之所以重要，是因为一些潜在疾病需要被“特殊照顾”，我们要根据自身的实际情况，制订科学、合理的跑步方案，这样才能正确开启跑步的大门，更好地享受跑步带来的益处。假如存在一些潜在的疾病，自己又毫不知晓，就会存在很大的风险。例如，高血压患者在运动时，心脏输出量和血压会随着运动强度的增加而升高，具有引发心脑血管并发症的风险，若血压未能得到有效控制，甚至还可能出现心肌梗死等情况；高血糖患者则可能因为运动时间安排不当而出现低血糖的风险；等等。

当然，除科学的检查外，我们还可以将自己的某些身体感受告知医生，请医生帮忙做出更具针对性的判断，从而降低自己在跑步运动中的风险。假如在体检中发现自己的身体确实存在一些状况，而这些状况比较轻微，可以和医生多交流，看看有没有办法通过较低强度的跑步来进行改善。

序二

关于跑步，有些事要提前知道

近些年，随着人们健康意识的不断增强，跑步已成为备受大众喜爱的运动形式。跑步热潮不仅席卷了城市街头，还通过社交媒体和文化活动不断传播开来，成为全球瞩目的活动。无论是个人挑战，还是团体参与，跑步在现代社会中已成为健康、文化和社交的结合点，它已经不再只是一项单纯的运动，更是一种生活方式。

我们都知道，跑步对于人体有许多好处，除生理上的好处之外，还能够帮助我们舒缓心理压力，改善情绪。那么，对于你来说，跑步的目的是什么呢？之所以要想清楚跑步的目的，是因为在不同目的的指引下，跑步计划和训练方式是完全不同的。而且，明确的目的还能帮助我们将跑步这件事坚持下去，在坚持的过程中收获更多身心成长。

问问自己，为什么要跑步

大家都是出于什么目的开始跑步的呢？在这里，我们收集了一些跑者的心声，做成了一个跑步目标清单。看看下面这个清单，找一找自己奔跑的目的吧。

◆希望通过跑步消耗热量、燃烧脂肪，拥有好身材。

◆希望通过跑步放松心情，缓解压力。

◆希望通过跑步结交朋友，扩大交际圈。

◆希望通过跑步增强身体抵抗力，强健体魄。

◆希望通过跑步改善疾病，恢复健康。

◆希望通过跑步磨炼意志力，培养坚毅的品格和自律的精神。

◆希望通过参加跑步赛事，体验不同的运动文化，同时为公益事业贡献力量。

……

不同的目的，给予我们不同的动力。不需要花哨的装备，也无须高昂的费用，当你穿上一双合脚的跑鞋，准备好饱满的热情，或许就能在奔跑中挥洒汗水，得到心灵和身体上的收获。要记住，在跑步的过程中，没有谁比谁更强，只要与过去的自己做比较即可，每前进一小步，都值得为自己骄傲。

那些年，我们听到的有关跑步的谣言

谣言一：跑步伤膝盖。

真相：正确的跑步姿势和适当的装备可以减少跑步对膝盖的冲击。事实上，跑步可以增强膝关节周围肌肉的稳定性。

谣言二：跑步会让腿变粗。

真相：跑步主要锻炼的是心肺功能和耐力，不会让腿部肌肉过度发达。相反，它可以帮助塑造紧致的线条。

谣言三：只有早晨跑步才有效。

真相：无论是早晨、中午还是晚上跑步，效果是一样的。关键是找到自己最舒适的时间段。

谣言四：跑步前不能吃任何东西。

真相：适量进食可以为跑步提供能量。大家可以在跑步前吃一些易消化的食物，如香蕉或全麦面包。

谣言五：跑步会导致脱水。

真相：只要适当补充水分，就可以避免脱水问题。建议大家跑步前适量饮水，在跑步过程中，根据跑步的强度和持续时间适时补充水分。

谣言六：每天跑步才能看到效果。

真相：规律的跑步对健康有益，若过度训练则容易导致伤害。要劳逸结合，给身体恢复的时间。大家可以根据自己的身体状况和目标调整跑步频率。

谣言七：跑步不需要任何技巧，只需迈开腿跑就行。

真相：恰当的跑步姿势对于提高运动效率、降低受伤风险至关重要。大家不要急于开跑，应该以科学的姿势为基础，摸索出适合自己的跑姿，为跑步打下良好的基础。

目录 CONTENTS

Part 1
跑步装备：穿得科学、跑得精彩

运动行头不是越全越好

Part 2

准备活动：开始进入跑步状态

热身运动做不对，会增加受伤风险

Part 3

科学跑步：做有智慧的跑者

跑步姿势，适合的就是最佳的

Part 4

体能训练：成为更好的跑者

训练方案，系统、方法、效率三合一

Part 5

跑步方案：跑出多样生活形态

制订计划，不要挑战身体极限

Part 6

防伤对策：无惧奔跑的每一步

无伤跑步，用对方法就能避免伤害

Part 7

健康管理：身体蜕变、心灵疗愈

身心健康，从跑步开始

附录

Part 1

跑步装备：穿得科学、跑得精彩

运动行头不是越全越好

运动行头是不是越全越好？这可能是一些初学跑步的人会想到的问题。有人觉得，多准备一些装备总是没坏处的，最起码有备无患，对身体关节和肌肉的保护都有益处。也有人认为，跑步的关键是要跑起来，至于运动装备，其实只是辅助，有只是锦上添花，没有也无伤大雅。

事实上，运动行头的多或少并没有唯一的答案。适当的运动装备能够在一定程度上保护身体，助力跑者取得更好的运动表现，但是如果装备太过繁杂，可能会适得其反，关键在于选择满足自己需求的装备。把需求作为选购的标准，这个问题就变得比较容易解答了。

第一节　跑鞋：千里之行，始于足下

01 认识常见的跑鞋类型

对于跑者来说，刚需莫过于一双合脚的跑鞋。研究表明，当我们跑步的时候，脚每次着地都会承受大约 3 倍于体重的冲击，所以跑鞋的保护性和减震性非常重要。因此，跑鞋是很重要的运动装备之一，也是跑步时人体和地面唯一接触的部分。

正所谓“工欲善其事，必先利其器”，要想加入“跑步大军”，首先就要选择一双适合自己的跑鞋，而在此之前，我们有必要认识常见的跑鞋类型。当我们了解了这些内容后，自然而然就知道应该怎么选择跑鞋了。

跑鞋种类非常多，根据不同的划分标准，通常可以分为下面这些类型。

按功能分类

避震型跑鞋、稳定型跑鞋和控制型跑鞋。

避震型跑鞋

避震型跑鞋能够提供良好的避震效果，适合正常足弓或高足弓的跑者。

稳定型跑鞋

控制型跑鞋

稳定型跑鞋能够提供额外的支撑以防止脚部内翻，适合中足弓和低足弓的跑者。

控制型跑鞋能够增强脚部稳定性，是专门为低足弓和严重内旋的跑者设计的。

按使用场景分类

路跑鞋、越野跑鞋、竞速跑鞋、训练跑鞋。

路跑鞋

越野跑鞋

路跑鞋注重轻量化和透气性，适用于平坦路面。

越野跑鞋强调抓地力和耐磨性，适用于复杂地形。

竞速跑鞋的最大特性就是非常轻便，特别适用于竞速赛事。由于鞋身过轻，灵敏度较高，对于脚踝部位的保护没有那么强，所以竞速跑鞋不适合日常训练穿。

竞速跑鞋

训练跑鞋

训练跑鞋能够为足部提供比较充足的缓冲和支撑力，更加耐用、耐穿，非常适合日常训练以及日常出行。

按鞋型分类

直型跑鞋、半弯曲型跑鞋、弯曲型跑鞋。

直型跑鞋

直型跑鞋，顾名思义，跑鞋形状平直，一般没有明显的弧形或弯曲设计。这类跑鞋有比较强的稳定性，适合大多数跑者。

半弯曲型跑鞋

半弯曲型跑鞋，形状介于直型跑鞋和弯曲型跑鞋之间，能够兼顾稳定性和保护性，更适合喜欢长距离跑步或越野跑步的跑者。

弯曲型跑鞋是为较专业的跑者设计的一类跑鞋。这类跑鞋底部有较明显的弧度，中底有一定的科技加持，采用柔软、富有弹性的材料，抗疲劳性和透气性比较好。不过这类跑鞋对环境有一定的要求，适合在跑道上穿着，不太适合在较硬的路面上穿着。

弯曲型跑鞋

在充分了解了跑鞋的各种类型后，想必大家对自己应选用怎样的跑鞋已经有了初步的想法。

02 挑选跑鞋的技巧

选择适合自己的跑鞋，就相当于士兵在上战场前挑选称手的兵器。对于每一位跑者来说，都要学会以科学的方法选择适合自己的跑鞋。在挑选跑鞋时，可以根据自己的足部形状、跑步模式和落脚姿势进行甄别。

技巧一：了解足部形状

挑选跑鞋前，可以先观察一下自己的脚是什么形状的。足部形状一般由足弓和足形决定。

足弓是足的跗骨、跖骨借助韧带、肌腱共同构成的一个凸向上方的弓形结构。足弓具有一定的弹性，可以起到保护足部，以及减轻走路和跑跳过程中的冲击和振动的作用。足弓的常见类型有正常足弓、高足弓、低足弓和扁平足。

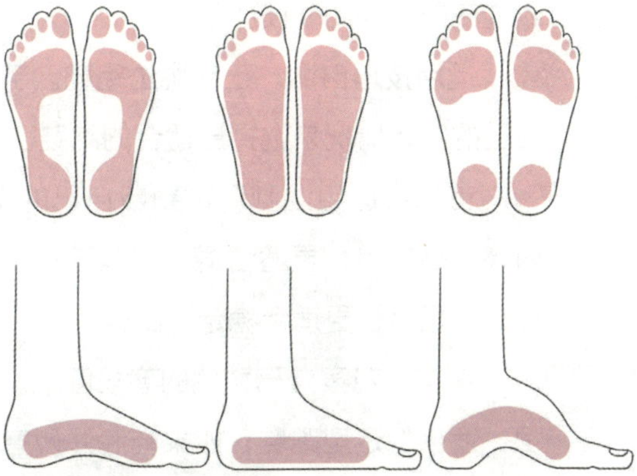

足形是脚步的整体形状，常见

的有正常足形、足内翻和足外翻。

技巧二：了解跑步模式

短跑和长跑都属于跑步，但有着很大区别，并不是只要穿上跑鞋，就能进行各种模式的跑步，这是需要每一位跑者注意的。

短跑距离较短，依靠跑者短时间内的强大爆发力，一般在 400 米以内，如 50 米冲刺、100 米冲刺等。短跑强度大，足部受伤的概率大于长跑。

长跑距离较长，需要跑者具有比较强的耐力，在跑步过程中，时刻调整呼吸，让心率保持在一定的心率内。长跑属于中低强度运动，足部受伤的风险较小。

技巧三：了解落脚姿势

跑步时，每个人的落脚姿势可能存在差异。比如，有的人可能前脚掌吃力多一些，有的人可能脚掌内侧吃力多一些，所以，了解自己的落脚姿势，是挑选合适跑鞋的技巧之一。

正常足形的跑者足部发力中正均衡，在抬脚离地的瞬间，基本由整个脚掌均衡受力，鞋底的磨损程度比较均匀。

足外翻的跑者足部会过度向内旋转，更多的冲击力会施加在足部内侧，导致鞋底前掌内侧磨损严重。

足内翻的跑者足部会过度向外旋转，更多的冲击力会施加在足部外侧，导致鞋底前掌外侧磨损严重。

运用技巧自测，正确挑选跑鞋。了解以上三个技巧之后，我们就可以根据自己的实际情况来选择最适合的跑鞋了。

首先，运用湿脚测试判断自己的足部形状，脚底中部水印缺失一般为足内翻、高足弓，更适合避震型跑鞋；脚底中部水印宽度接近前脚掌可能为足外翻、低足弓，更适合稳定型跑鞋。

其次，观察自己鞋底的磨损区域。若鞋底内侧磨损多，可能存在足外翻情况，适合稳定型跑鞋；如果鞋底外侧磨损多，可能存在足内翻情况，适合避震型跑鞋。

再次，找准自己的定位，看看自己的“主攻”方向是长距离慢跑，还是短距离冲刺跑。如果是长跑爱好者，首选慢跑鞋；如果是短跑爱好者，首选训练鞋或竞速鞋。

最后，对于正常足形的跑者来说，选择避震型跑鞋和稳定型跑鞋都行，可以根据自己的喜好决定。对于体重基数较大的跑者（BMI 指数大于 24）来说，跑步落脚冲击力较大，最好选择避震型跑鞋，以减轻足部和各关节的压力。对于扁平足的跑者来说，选择跑鞋时应该特别关注鞋子的支撑性和稳定性。

03 实用的系鞋带方法

“鞋带太长，有时候会在跑步的过程中踩到。”

“鞋带太松，跑着跑着就开了。”

“鞋舌总是歪向一侧，既难受又不美观。”

……

这些问题是不是会让一些人感到烦恼？其实，这可能是这些人在系鞋带的时候疏忽了一些环节。

既要选对跑鞋，更要系对鞋带！

鞋带系法往往会影响跑者足部的舒适性、灵活性和安全性，掌握正确的鞋带系法，能让跑者的安全得到充分的保障。

常规的鞋带系法

比较常见的鞋带系法有交叉系法、带环结系法、平行系法等。

交叉系法

交叉系法，可以说是我们生活中最常见、最简便的一种鞋带系法了。这种系法具有较强的便捷性和舒适性。具体操作是将鞋带头由底部平直穿入，然后通过鞋孔向上穿出；将鞋带头交叉，再分别从鞋孔穿出，重复这一过程，直到鞋带从最上面两个鞋孔穿出，最后打结。

带环结系法

带环结系法，被形象地叫作“锁脚踝”系法。这种系法能够把跑者的脚踝部位“锁住”，虽然脚踝部位的灵活度会被稍微限制，但是其稳定性和安全性会得到明显提升，同时能减少跑者双脚在鞋内的滑动和摩擦，有效地避免脚底磨出水疱。用这种方法系鞋带时，要在最顶部鞋带孔处系上一个圆环并勒紧，以固定脚踝部位。

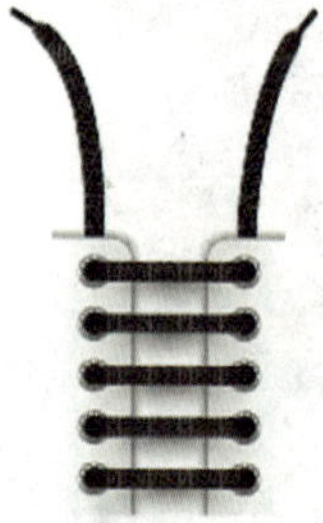

平行系法

平行系法，能够快速实现鞋带的收放，便于穿脱，节省跑者穿鞋脱鞋的时间。该系法特别适合高足弓的朋友，因为这种系法可减轻鞋带相互交叉在鞋舌中心点造成的压力。具体操作时，先将鞋带从最下部的一孔中穿入，然后直接从对侧最上方的孔再次穿入，连接成一条“斜线”，之后再按照常规的穿孔方法穿入鞋带即可。

鞋带易松怎么办

想必令多数跑者烦恼的一件事，莫过于跑着跑着鞋带突然开了，停下来系影响训练节奏，如果不系又有危险。鉴于此，我们不妨尝试一下“伊恩安全结”。

第一步：将鞋带系一个小结，抻拉至两侧。注意，这里一定是左压右（左鞋带靠内）。

第二步：分别逆时针扭转两根鞋带形成小环，就像“兔耳朵”一样，这里一定是右压左（右鞋带靠内）。

第三步：先让右边的“兔耳朵”从内往外掏，再让左边的“兔耳朵”从外向内掏。都绕过中间的绳圈后，拉住两边鞋带反向一拉，伊恩安全结便完成了。

系鞋带也要防止“过犹不及”

鞋带应该系得紧还是系得松?这也是值得初跑者学习的科目。有的跑者想要让鞋子更“跟脚”，就使劲勒鞋带，想系紧一点，可是这样一来，很可能会让鞋带的打结处压迫脚面，出现血流不畅的情况，甚至会导致跑者在运动过程中抽筋。反之，如果系得太松，脚就容易在鞋里面前后滑动，脚趾总会冲向鞋头，而脚后跟则会和鞋跟反复摩擦，轻则磨出水疱，严重者甚至会引发甲下血肿。显然，鞋带的松紧看似是小问题，实则可能会引起大麻烦。在系鞋带时，要遵循鞋带从下到上由松变紧的原则，这样能基本保证鞋面不会压迫脚面，同时还有一定的紧绷感，让鞋子比较跟脚。

第二节　服装：好穿、好用、好看

01 认识常见的跑服类型

跑服多种多样，跑者要学会根据不同的跑步计划和天气情况选择跑服。所以，每一位跑者都应对常见的跑服类型有一个大致的了解。

按照部位区分

上衣类：常见的有运动背心、运动帽衫等。

运动背心

运动帽衫

下装类：常见的有运动长裤、运动短裤等。

内衣类：常见的有运动内衣、运动内裤等。

运动短裤

运动长裤

运动内衣

运动内裤

按照薄厚区分

轻薄类：适合跑者在夏季穿着跑步。这类服装具有轻、透、薄等特性，排汗性和散热性比较好。

常规类：适合跑者在春季和早秋穿着。这类服装在排汗、散热的同时，还具有一定的防风性和保暖性。

厚实类：适合跑者在深秋时节或冬季穿着。这类服装有较强的保暖性，同时具有一定的灵活性，不会让人在运动过程中有明显的束缚感。

按照材质区分

棉质跑服：吸汗性较强，但排汗性较差。长跑的话伴随大量出汗，可能会导致衣服越来越沉，增加不适感。

涤纶跑服：具有较强的耐磨性和伸缩性，即便长期穿着、反复清洗，也不容易变形。

特殊材质跑服：这类跑服往往具有一定的“黑科技”，在透气性和排汗性方面有显著的效果。

02 从这些方面挑选跑服

市面上在售的跑服种类繁多，其中不乏滥竽充数的“伪跑服”，这些服装可能并不具有标准跑服应该具备的特性，跑者要仔细甄别，在挑选的时候谨记这样几点原则：速干性、透气性、伸缩性和安全性。

速干性

在挑选跑服时，一定要将速干性作为一个重要的评判指标。拿普通的衣服来说，伴随跑者大量出汗，汗液会被吸附到衣服上，如果衣服的速干性不够好，就会让衣服越来越沉，导致跑得越来越费力。更重要的是，跑完步后衣服湿度太高还容易导致跑者受风着凉。

透气性

跑服要具有一定的透气性，这不仅限于夏季跑服，春季及秋冬季跑服也是需要的。随着跑步时间的增长，跑者身上的汗水会越来越多，如果透气性不好，滞留在皮肤表面的汗水不仅会给人带来不适感，还有可能滋生细菌。而较强的透气性能够加快空气流通，提升跑者运动时的舒适度，甚至有的跑服具备增强运动表现的作用。试想，如果在炎热的夏季夜跑，湿热的空气伴随身体表面积存的汗液，那么原本快乐的跑步可能会成为一种煎熬，原本能跑的几公里路程也可能被迫缩减。因此，透气性绝对是跑者挑选跑服时要注意的一个方面。

伸缩性

伸缩性是一些跑者在挑选跑服时容易忽略的一个方面。跑者穿上衣服后不可能一直保持一成不变的姿势，在跑步的过程中，手臂甩动、下肢跨步，如果服装的伸缩性不够，这些动作都会受到限制。

安全性

跑服的安全性也非常重要。如果在街道上跑步，跑者可以选择色彩鲜艳的服装，缤纷的色彩不仅美观，还具有一定的功能性。尤其是在雨天、雪天、雾天等不好的天气中，服装颜色能起到警示作用。另外，有些跑服带反光条，在夜间跑步时可以起到警示作用。

Tips：我们该如何了解跑服的速干性、透气性、伸缩性、安全性呢？这里有一些实用的小技巧，可以帮助大家判断跑服是否具备这些特性。

查看标签：通常，含有聚酯纤维（polyester）或尼龙（nylon）的衣物具有较好的速干性能。挑选那些标有“透气”（breathable）或类似字样的衣物。确认衣物中含有氨纶（spandex）或弹性纤维，这些材料通常能提供良好的伸缩性。

此外，跑者可以通过试穿来实际感受跑服的特性，如是否亲肤、舒爽，弹性是否良好，等等。

03 根据气候选择合适的服装

跑者要根据不同的气候选择不同的服装，在保证合适体温的前提下，尽可能选择舒适性和灵活性好的服装。根据不同季节，可以大致将跑服分为夏季跑服、春秋季跑服和冬季跑服。

夏季跑服

夏季，我国很多地区气候炎热且雨水较多，容易令人感觉“闷”，而这种闷感会在跑步的过程中进一步加剧。所以，夏季跑服一定要轻薄，且有较强的透气性，否则湿答答的衣服粘在身上会让人感觉很难受。

建议选择轻薄柔软，同时弹力大、透气性好的速干面料的 T 恤和短裤。如果是白天跑步，还要备好遮阳帽和太阳镜，避免阳光直射以调节体温，降低中暑的风险。

春秋季跑服

春秋气温比较舒适，非常适合跑步，但早晚温差明显。所以，在保证常规舒适性和透气性的同时，春秋跑服还要具有一定的防风性和保暖性。例如，上衣内搭一件舒适、透气的运动 T 恤，外穿一件薄款的尼龙连帽卫衣或穿脱方便的拉链外套。

如果是初春或深秋，建议穿着带有薄绒的运动卫裤；如果是仲春或初秋，可以穿着短裤，不过下装的具体穿着可根据跑者的体感来灵活调整。需要注意的是，春秋多风，跑者可备好一副防风护目镜，防止跑步过程中眼睛进沙，影响运动进程。

冬季跑服

相比于夏季、春秋季而言，冬季跑服的关键点就比较多了。冬季气温低且时有寒风，跑服要兼顾灵活性、保暖性、防风性、透气性等。跑者可以参考这个叠穿基本公式：里层透气 + 中间保暖 + 外层防风。

上衣穿搭：建议里面选择一件柔软透气的薄绒长袖 T 恤，外面穿具有防风功能的运动外套。

下装穿搭：建议选择薄绒运动裤，可以比上衣穿得薄一些，以保证跑步时的舒适感和灵活感。当然，最好的选择是内搭一条薄绒紧身压缩裤，外面套一条齐膝短裤，这样有利于膝盖的防风保暖。

Tips：冬季跑步不要穿太厚，否则会影响运动表现，出汗时也会感觉很闷。重点是要保证身体的核心部位不要受凉，这样血液更容易输送至身体末端，保持体温。

第三节　配件：小配角有大用处

01 这些配件是基础必备

跑步配件虽小，却有大用处，跑者可根据实际需求选择跑步配件，提升跑步体验。

运动袜

运动袜透气性良好，不容易让脚部因为出汗而潮湿难受。而且，优质的运动袜材质考究，能够避免磨脚。

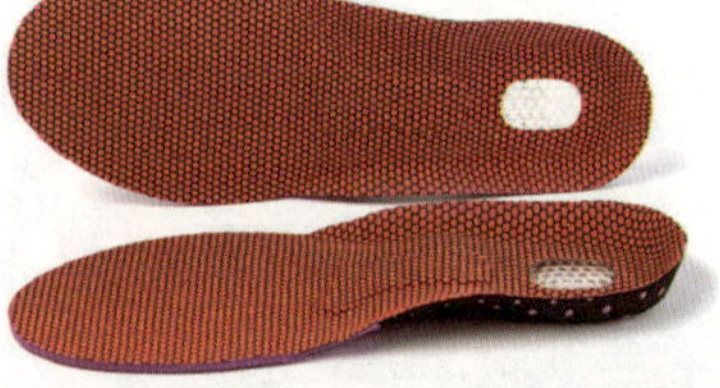

运动鞋垫

运动鞋垫为双脚提供额外的缓冲，有效吸收跑步时产生的冲击力，减少落脚时对关节的压力，预防运动伤害。一些鞋垫还具备矫形功能，能帮助纠正不合理的步态，提高跑步效率。

运动毛巾

运动毛巾能快速吸收汗水，保持身体干爽舒适，避免跑者因湿冷而感冒。

发带

跑步时会有大量汗水排出，汗液可能会顺着额头往下流，不慎就会流入眼睛，不仅会影响视线，还可能让眼睛因受到刺激而感觉不适。选择一款合适的发带，能够有效吸收额头和头皮上的汗水，避免汗水流入眼睛。同时，发带能够帮助跑者固定发型，具有一定的美观性。

运动水壶

无论长跑还是短跑，都不能忽略补水。所以，运动水壶可以算是跑步的必备配件之一。在挑选时，跑者可以从轻便、耐用、容量、安全等方面入手，选择实用的类型。

此外，还有一些配件也属于基础必备品。例如，眼睛近视的跑者常会用到隐形眼镜、眼镜防滑硅胶套等。这些跑步配件虽然不大，但作用不可小觑。它们可以优化跑步体验，让跑者更安全、更舒适地享受跑步。

02 这些配件能保护身体

为了优化跑步体验，保护身体免受伤害，选择适合的跑步配件至关重要。在这里，给大家介绍几种具备防护功能的配件。

帽子

帽子具有许多实用效果，在夏季或紫外线较强的时候，帽子有防晒功能，降低脸部皮肤晒伤的风险。在秋冬季节，帽子有保温、防风等功能。而且，专业的运动帽通常带吸汗条，能防止汗水流入眼睛；速干、透气等特性，还能让我们的头部保持干爽舒适。

乳贴

对于喜欢长跑（如马拉松）的男士来说，乳贴是一个关键配件。它能够有效减少衣物与胸部皮肤之间的摩擦，避免因长时间运动导致的不适或疼痛。

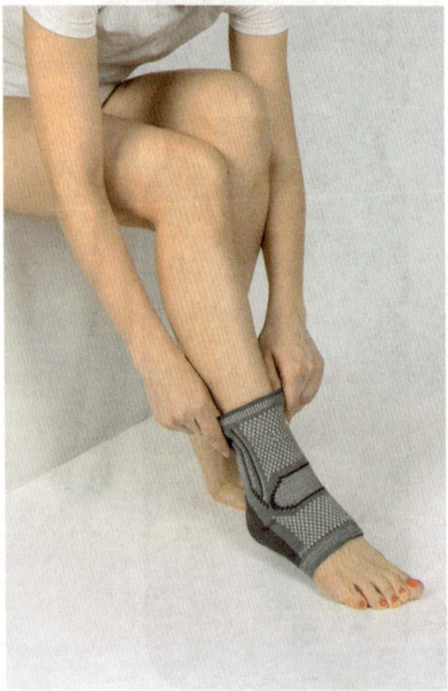

护踝

护踝具有“支撑器”和“稳定器”的作用，能够在很大程度上降低踝关节受伤的风险。护踝一般采用柔软且有韧性的材料制成，保证舒适的同时，能限制踝关节的活动度，以降低踝关节受伤的潜在风险。另外，如果跑者出于其他原因导致踝关节受伤，也可以通过日常佩戴护踝，减轻疼痛，加快踝关节的康复。

护目镜

在风沙较大的情况下，护目镜能够有效阻挡灰尘、异物进入眼睛；在阳光强烈的情况下，护目镜能有效减少紫外线对眼睛的伤害，保证跑者的眼部健康。

头灯

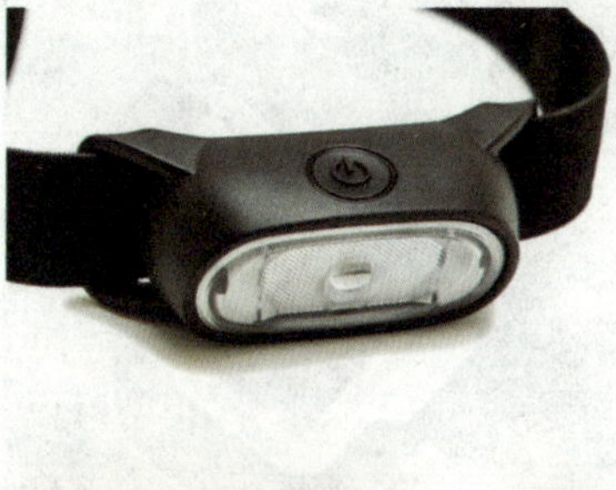

选择一款舒适、轻便的头灯，可以确保跑者在昏暗的环境里仍清晰地看到周围环境，有效避免绊倒或碰撞等意外的发生。

护膝

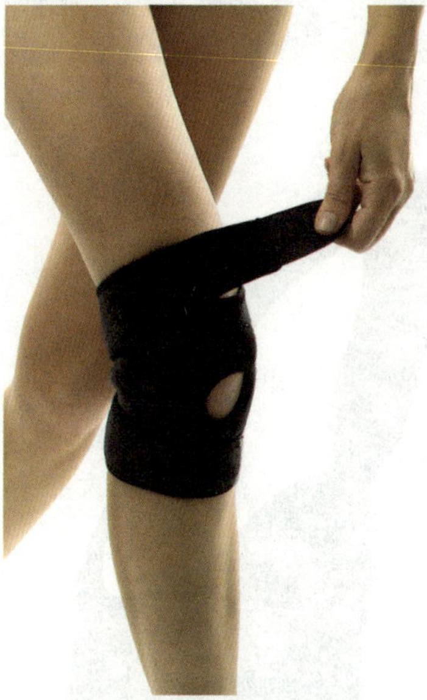

护膝能够提供较好的支撑，从而稳定跑者的膝关节，减轻足部落地的瞬间传递给膝关节的冲击力和压力。尤其对于膝关节不太好的跑者来说，合适的护膝更能起到良好的保护作用。

除此之外，具备防护作用的配件还有不少，如LED灯手环、运动口罩、手套等。在跑步过程中，跑者可以根据自己的需求来准备，不需要面面俱到，以防多余的配件成为累赘。

03 这些配件让跑步更便捷

手机臂套

跑步时，手机放哪？手机臂套就是一个不错的选择。在选购手机臂套时，首选轻且耐用的材质。目前市面上比较常见的产品基本是由尼龙或聚酯纤维等材质制成，不仅重量较轻，还具有一定的抗磨性，并能防止手机在持续摆臂过程中掉落。其实除了跑步，其他类型的运动，如骑行、徒步、登山等，也可以使用手机臂套。

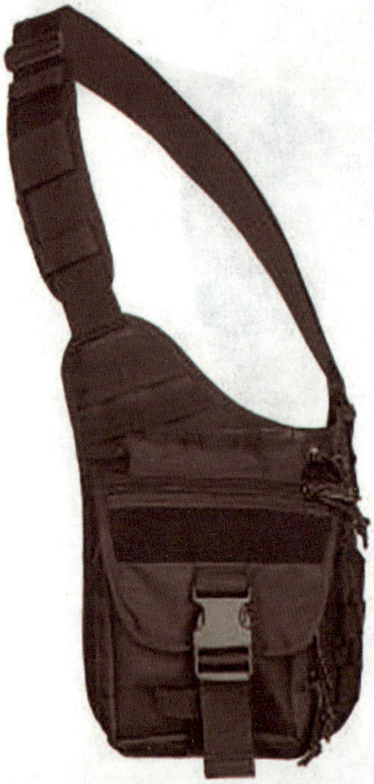

腰包

腰包能为跑者带来不少方便，其设计贴合人体腰部曲线，在跑步过程中不容易随意晃动或移位。其容量虽不大，但足以放置如手机、钥匙、纸巾、能量胶等小物品，方便取用，使跑步过程更自在。

水袋背包

有些跑者会觉得，跑步时拿着运动水壶不方便，哪怕是比较小的水壶也有一定的重量，而且伴随跑步时身体的晃动，水壶也会一直摆动，影响身体平衡。这时候就轮到水袋背包出场了。水袋背包指的是像双肩背包一样的水袋，跑者可以通过水袋伸出来的吸管喝水。这样一来，跑者不仅能够解放双手，还可以避免跑步时水袋的晃动。而且，这种水袋背包的实用性不限于此，在其他户外运动，如徒步、骑行时，也可以用到，帮助我们时刻补充水分，让运动更加便捷。

运动手表

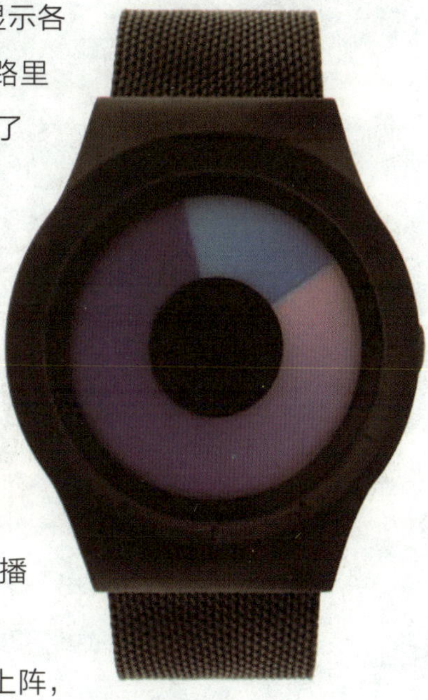

作为一款日益普及的运动配件，运动手表能够为跑者带来全方位的便捷体验。运动手表可以实时记录并显示各种基础数据，如跑步距离、配速、步数、心率、卡路里消耗等，让跑者对自己的身体状况和运动进度一目了然。跑者不用再掏出手机或在路上数步数，而是通过简单地抬腕查看，就能知道自己跑了多远、是否保持在合适的速度区间、身体负荷是否过高。

在跑步过程中，运动手表的定位功能能帮助规划并记录路线，特别是在陌生环境里，能为跑者带来安全感。跑者可以随时查看自己所处的位置，避免跑错路，也能更好地挑选适宜的跑步线路。

运动手表通常还能与手机进行配对，支持音乐播放或来电提醒等功能，让跑步过程更具乐趣。

关于跑步的配件很多，但是跑步还是主张轻装上阵，选择便捷的、合适的即可，希望大家都能跑得轻松、跑得愉快。

Part 2

准备活动：开始进入跑步状态

热身运动做不对，会增加受伤风险

在清晨或傍晚，人们或许想要穿上跑鞋，踏上跑道，感受跑步带给自己的畅快体验。的确，跑步固然是一种非常好的运动方式，但是一些人可能忽视了一件关键的事——热身。

也许有人会问：“跑步不就是穿上鞋，出门就跑吗？热身真的那么重要吗？”答案是热身不仅仅是让关节“活络活络”这么简单，它就像汽车发动前的预热，可以让引擎更加顺畅地运转，同时降低行驶中的风险。如果忽略热身，或者没有用正确的方式激活身体，最直接的后果便是在跑步过程中出现抽筋、岔气、关节不适、肌肉拉伤等各种问题。更何况，一旦身体出现伤病，就不得不停止锻炼，甚至还会打消我们对跑步的兴趣。

一些跑步初学者可能会觉得，热身就是做几下简单的拉伸，或者原地踏踏步让自己出点儿汗就可以了。这些动作虽然也能起到一定的热身作用，但如果没有系统、科学的准备，很容易走向“过度”或“不足”两个极端：要么在身体还没完全舒展开就进行高强度的动作，加重关节与肌肉的负担；要么热身太随意、强度不够，身体依然处于“懒洋洋”的状态，在正式跑步时“一下没踩稳”，引发各种小尴尬或大风险。正确的热身就好比给身体传递一个清晰的指令：“嘿，伙计，动起来啦！接下来会有一场畅快淋漓的跑步，请做好万全准备！”

热身还扮演着唤醒肌肉记忆的角色，很多人久坐办公室，习惯了固定的姿势，肩颈紧张、腰背僵硬、腿部肌肉不灵活，这些都会影响跑步时的步幅与姿势。通过一系列科学、有针对性的热身动作，可以将身体从“坐姿模式”切换到“运动模式”，让肌肉、关节变得更灵活，神经系统更敏感。在正式起跑后，跑者会更快地找到节奏。

因此，在跑步之前，不妨给自己多留一点时间，专门做一套完整、有效的热身。随着身体慢慢热起来，血液循环加速，呼吸节奏逐渐与动作合拍，你将会感到自己的身体更加轻盈，脚步不再沉重，身体充满力量。这时再开始正式跑步，必然是效果加倍、成果满满。

接下来的内容，将全面讲解跑步前的热身工作，就从当下这一刻开始，唤醒身体，让它随时处于跑步的最佳状态。

第一节 肌肉热身：让身体充满张力

肌肉是我们运动健身的“主力部队”，肌纤维的舒张与收缩能够爆发出强大的力量。跑步运动伴随全身各处肌纤维的协同发力，所以在运动开始前，有必要进行充分的肌肉热身，这样不仅能降低受伤风险，还能有效提升跑者的运动表现。

01 直臂后拉

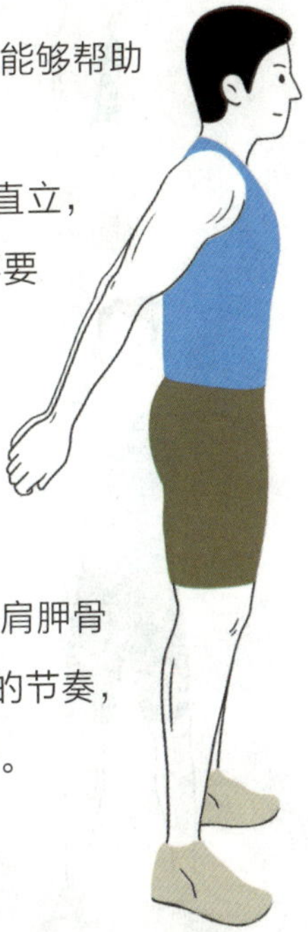

直臂后拉是针对肩关节、胸部以及背部肌群的热身动作，能够帮助我们提升上半身的活动度。

第一步，双脚与肩同宽站立，脚尖朝前，身体保持自然直立，重心分布均匀。双臂自然下垂于身体两侧，双手放松，肩部不要过度紧张。

第二步，双手交握，双臂向身体后方抬起并伸直，尽量让手臂与肩膀保持在同一高度或略高于肩线，但幅度以自身舒适为准，不要勉强超出关节灵活度。在手臂向后伸展的同时，肩胛骨也向脊柱方向收拢，感受背部肌肉（尤其是肩胛骨中部区域）受到拉伸和激活。姿势保持1～2秒，并注意呼吸的节奏，呼气时完成手臂向后拉的动作，吸气时可以在还原过程中进行。

Tips：

1. 建议每组进行 8 ～ 12 次直臂后拉，并根据自己的身体状态做 2 ～ 3 组即可。

2. 在动作过程中维持平稳呼吸，避免憋气导致胸腔压力过大。

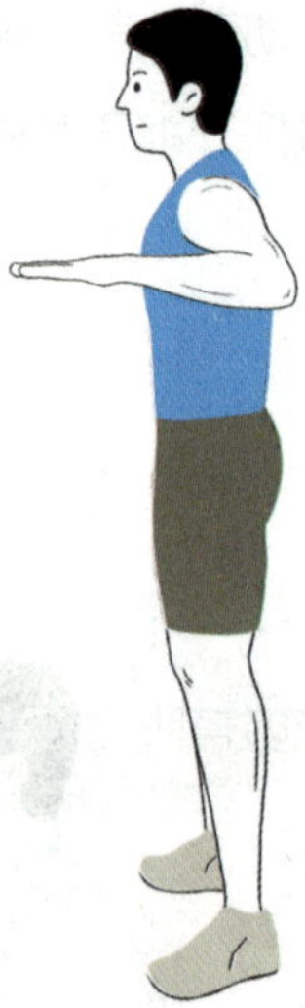

02 扩胸运动

扩胸运动指的是以胸部内侧肌肉为中心所进行的运动。在跑步前进行扩胸运动，能够有效激活胸部周围肌肉，消除长期伏案坐姿造成的疲劳感，较快地进入跑步前的“备战”状态。扩胸运动的做法有所不同，接下来介绍几种常见的扩胸运动训练步骤。

扩胸运动（一）

第一步，双脚自然站立，与肩同宽，挺胸收腹，保持躯干挺直。

第二步，双臂伸直，向前方抬起，与地面平行。

第三步，肘关节向身体后侧拉，胸部肌肉有轻轻的拉伸感，肘关节略微后于躯干，还原。

每组 10 ～ 15 次，做 2 组。

扩胸运动（二）

第一步，双脚自然站立，与肩同宽，挺胸收腹，保持躯干挺直。

第二步，双臂伸直，双手握拳，向前方抬起。

第三步，双臂向外侧水平张开，拳心向前，至双臂和躯干呈一条直线，保持 1 ～ 2 秒，还原并感受胸肌收缩挤压，还原。

每组 10 ～ 15 次，做 2 组。

03 W 形伸展

W 形伸展是一种比较常见的拉伸动作，对于上身的后背肌肉群有非常好的热身效果，且能够增强肩部的灵活性。

这套动作的秘密在于四个英文字母——“YTWL”，事实上，这套动作由 4 个动作组成，“YTWL”分别代表其中一个。

“Y”，即双臂伸直举过头顶，微微向外侧倾斜，这时上半身看起来像字母“Y”。

“T”，即手臂逐渐向两侧下落至与地面水平，双手伸直，收缩肩胛骨。同时，带动整个背部肌肉群向中间发力收缩加紧。

“W”，即双臂肘关节靠近躯干，做内收动作，让大臂夹紧躯干左右两侧，感受背部肌肉发力，保持一定的肌肉张力。双手放置在与肩同高的位置，再把手向后抬，尽量抬高一点。

“L”，练习的全程要时刻注意大臂夹紧两侧身体，然后将肩胛骨向内夹紧，将大拇指向后抬高。

这套动作可以在跑步开始前做 2

组，每组 8 ～ 10 次，用来激活上肢后侧肌肉群。

Tips： 一定要收紧肩胛骨，用大肌肉群带动小肌肉群去活动。背部不要弯曲，始终保持骨盆后倾的状态。

04 对侧提膝

对侧提膝是一项简单有效的跑步前动态热身动作，通过模拟跑步时抬腿的状态，预先激活髋部和腿部肌肉，降低运动损伤风险。

第一步，自然站立，双脚与肩同宽，上身正直，双臂张开，双手掌心朝前，放于耳后。

第二步，抬起一条腿，让膝盖向另一侧的肘部提起，支撑腿微微弯曲，保持身体的稳定，膝盖提至最高点后可稍作停顿，感受肌肉的拉伸。

第三步，匀速放下抬起的腿，恢复起始姿势。

第四步，换方向重复前三步动作。

一条腿做提膝动作 10 ～ 15 次为一组，每条腿做 2 组。

Tips： 在进行提膝动作时，要保持身体平稳有节奏，避免动作过快，以免造成肌肉拉伤。自然吸气、呼气，不要憋气。对侧提膝作为热身运动，并不算是剧烈运动，但是如果速度过快或动作不当也有拉伤的风险，所以要张弛有度，一定要避免过度拉伸。避免在过硬或过软的地面上进行对侧提膝等热身运动，以免增加关节负担。

05 弓步转体

弓步转体是一项非常有效的全身性热身动作，跑者可通过这一动作让全身大部分肌肉快速进入“备战”状态。弓步转体不仅可以在较短时间内提升跑者脊椎和髋关节的灵活性，还可以激活臀部肌肉群，提高机体温度，优化运动表现。

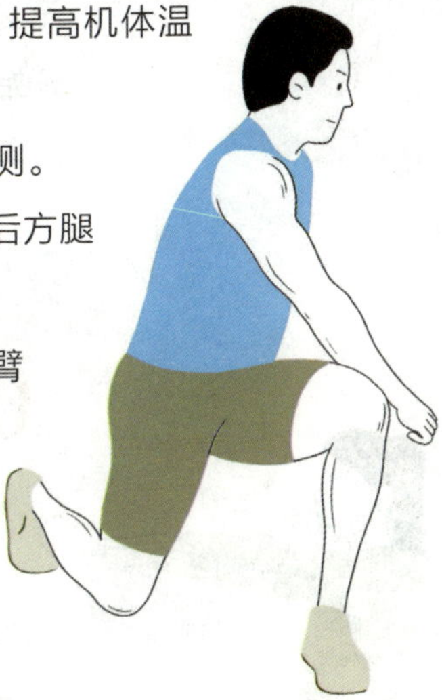

第一步，双脚并拢，自然站立，双臂自然垂于身体两侧。

第二步，一条腿向前迈出，大腿和小腿接近 90 度，后方腿前脚掌蹬地。双臂向前方伸出，与地面平行，掌心相对。

第三步，上身向后侧腿的方向扭转，同时该侧手臂随着上肢的扭转一起扭转，手臂抵于膝盖外侧，停顿 2 秒。

第四步，手臂还原至胸前伸直状态，换另一条腿向前迈出，反方向重复以上动作。

06 抱膝提踵

抱膝提踵结合抱膝和提踵两个动作，是一种复合性的热身动作，对小腿肌肉的热身效果非常好，因此，长期进行锻炼有一定的瘦小腿作用。除此之外，抱膝提踵还能增强核心的稳定性和身体的协调性。

第一步，双腿自然站立，挺直背部，平视前方。

第二步，一条腿抬起，另一条腿支撑并稳住身体，双手抱住抬起腿的小腿。

第三步，支撑腿踮起脚尖，同时双手抱着抬起的腿向上朝着胸口继续抬，感受支撑腿小腿腓肠肌和抬起腿大腿肌肉群的拉伸。

第四步，换另一侧重复上述动作。

Tips： 提踵时，全身的受力都集中在支撑脚的前脚掌，要专注于脚踝的稳定，不要有晃动影响平衡。若实在无法掌握平衡，可以先从靠墙练习开始。新手可从低次数开始训练，逐渐增加次数，强化肌肉。正确的呼吸技巧非常重要，在踮脚和抱腿的同时慢慢吸气，下放时缓慢呼气。

07 深蹲

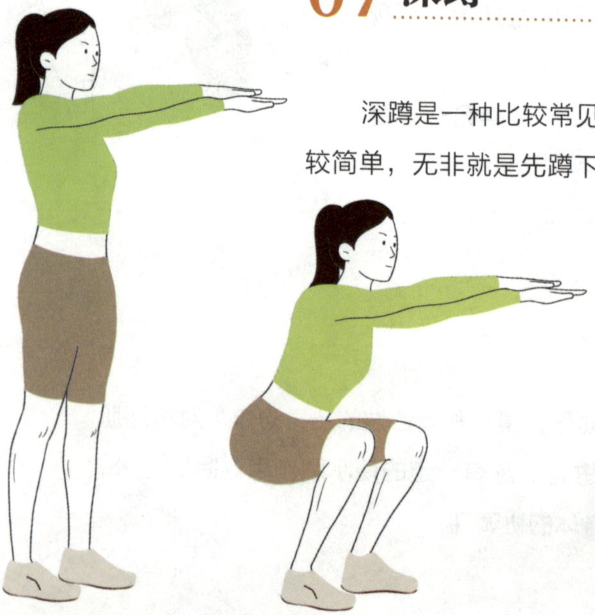

深蹲是一种比较常见的运动，可能一些人会认为深蹲比较简单，无非就是先蹲下再起来，但实际上，深蹲有许多讲究。做得对，就能帮助我们在热身的同时强化肌肉；做不对，就可能导致关节或肌肉的损伤。

徒手深蹲

徒手深蹲最大的特点就是简单高效，能够做到近乎全身性的肌肉激活，而且不需要任何设施，非常方便。

第一步，双脚开立，与肩同宽（可适当根据喜好调整宽度），脚尖微微向外展。双臂向前伸直，保持背部挺直，核心收紧。

第二步，下蹲，膝盖弯曲，臀部向后下方移动，类似坐下的动作，蹲至大腿与地面平行或略低，停顿 1 ～ 2 秒。

第三步，起身还原，全程保持腰背挺直。

Tips：起身时呼气，蹲下时吸气，保证动作频率，全程不要憋气。

相扑深蹲

相扑深蹲属于徒手深蹲的一种变式，由于相扑深蹲要求双腿间距离较大，所以对大腿内侧和臀部肌肉的激活热身效果较好。

第一步，双脚开立，间距约为 2 倍肩宽，脚尖朝向外斜前方。双手合并抱拳置于胸前。

第二步，上半身尽量保持挺直，缓慢下蹲，臀部向后坐，保证膝盖和脚尖的方向一致。

第三步，起身还原。

Tips：身体不要过度前倾，可有轻微的斜度。起身时呼气，蹲下时吸气，保证动作频率，全程不要憋气。

保加利亚深蹲

保加利亚深蹲，也称保加利亚分腿蹲，是在单腿箭步蹲的基础上变化衍生

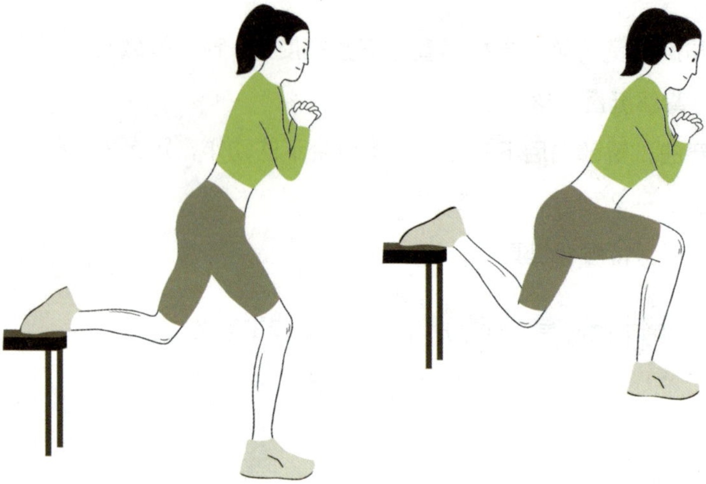

的深蹲动作。该深蹲与徒手深蹲不同，着重刺激腘绳肌等下肢肌肉群。保加利亚深蹲对下肢的热身效果非常好，同时还能提升平衡能力，提升髋关节的柔韧度和灵活度。

第一步，背对约半米高的凳子或台子，并将一只脚放在上面，另一只脚在前方支撑，双手交握于胸前。

第二步，缓慢下蹲，至前腿大腿与地面平行，膝盖尽量不要超过脚尖，否则会对膝关节造成较大压力，且不利于肌肉热身。下蹲时，保证上半身挺直。

第三步，利用前腿的力量均衡发力，将身体恢复至起始姿势。

Tips：相比于徒手深蹲来说，保加利亚深蹲有一定门槛，训练者要有一定的平衡性和稳定性，否则可能会在训练时摇晃。初学者可以先尽量离墙近一些，通过适当扶墙来保持稳定。

08 大腿动态牵拉

动态牵拉是一种非常有效的运动前拉伸方式，正确的大腿动态牵拉热身能够促进更多血液流向肌肉，预防运动损伤，提高运动表现。

腘绳肌牵拉

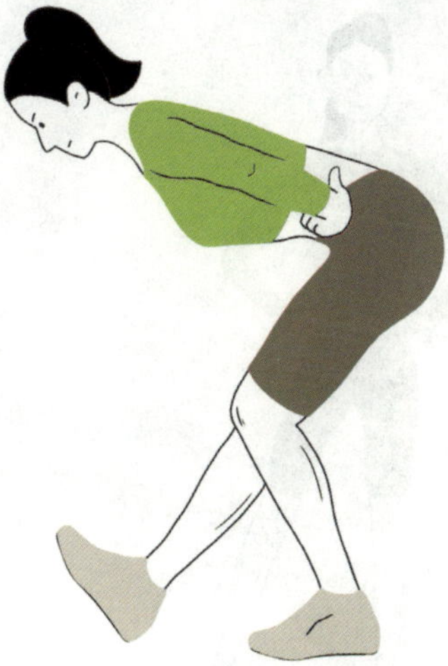

伸出一条腿，向前跨出一小步，脚跟着地，脚尖翘起或抵在台阶上。另一条腿作为支撑腿，保持核心稳定，身体前倾，小幅度拉伸，感受腘绳肌被牵拉。

股四头肌牵拉

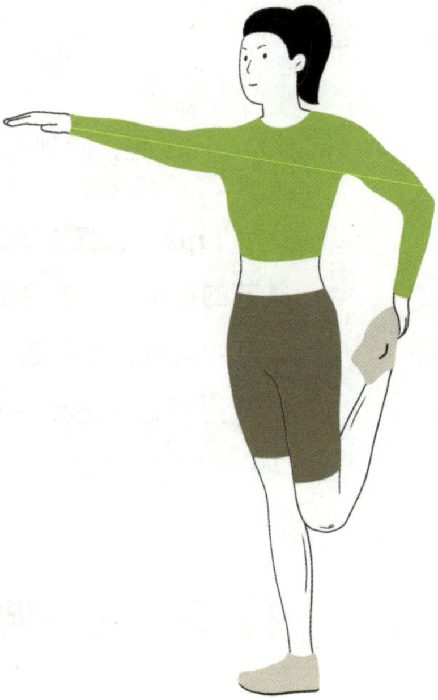

被牵拉侧站立，屈髋屈膝，同侧手抓住踝关节向后靠近臀部拉伸。另一只手向前水平伸出保持平衡，避免外展动作。拉伸过程中要保持身体稳定，避免摇晃，同时控制拉伸力度，避免过度用力。

09 交叉下蹲

交叉下蹲是一种高效的跑步前热身运动，对腿部和臀部均有锻炼效果。在进行该运动时，跑者要利用后脚向后跨步，左右腿交替进行，形成交叉的轨迹。

第一步，正常站立，双脚与肩同宽，双手叉腰。

第二步，一条腿向斜后方后撤迈步，前脚掌着地，与另一条腿（支撑腿）呈交叉姿势。

第三步，交叉步站稳后，屈髋屈膝下蹲，上半身保持稳定，缓慢下蹲，后腿膝盖微微触碰地面，感受腿部和臀部肌肉的拉伸。

第四步，臀部与腿部同时发力，向上起，回到初始位置，换腿继续进行。

Tips： 交叉下蹲动作开始前，要确保身体稳定平衡，尤其是后腿踝关节的稳定度。下蹲速度要慢，膝盖轻微触地即可。建议新手从常规模式开始尝试，等到动作熟练之后再尝试哑铃负重交叉下蹲。要谨记动作要领："后退—站稳—下蹲—停顿—起身复位"。

10 举手箭步蹲

举手箭步蹲是一种结合了上肢、下肢力量训练的动作，长期锻炼能够有效强化下肢肌肉群，同时增强人体的协调性和稳定性。举手箭步蹲是由常规的箭步蹲发展而成的。相比于常规的箭步蹲，举手箭步蹲融入了上肢的动作，对肌肉的拉伸效果更好，但同时对锻炼者的核心稳定性提出了更高的要求。

第一步，自然站立，双脚与肩同宽，双臂自然下垂于身体两侧，调整呼吸，确保呼吸平稳。保证脊柱中立，平视前方，轻微收紧腹部肌肉，保证躯干稳定。

第二步，一条腿向前迈出一大步，伴随迈步，身体重心前移。双臂高高举起，与地面垂直。缓慢下蹲至前腿膝盖弯曲到 90 度，后腿膝盖接近地面。整个过程保证身体稳定，不要有摇晃或倾斜，否则可能会增加膝关节的受伤风险。

第三步，前腿借由脚后跟发力，让身体回到初始姿势，双臂回落至身体两侧。

Tips：迈腿的距离把控非常重要，开步的距离不能太小，也不能过大，过大对髋关节有压力，过小对膝关节有压力，只有合适的开步距离才能确保激活股四头肌、股二头肌和臀大肌。注意呼吸和动作频率的一致性，下蹲时吸气，起身还原时呼气。下蹲时，前腿膝关节可略微超过脚尖，但不建议超过太多，否则重心前移太多，发力不稳且容易增加膝盖受伤的风险。躯干始终保持正直，不要前倾或后仰。前腿和后腿要保持在同一条直线上。

第二节　关节热身：让身体变得灵活

很多跑者知道运动前要进行肌肉热身，殊不知我们身体内的各个关节也需要得到“关照”。关节连接着骨骼，如果在运动前不进行关节热身，关节就会缺乏润滑液，可能导致关节磨损，长此以往很可能出现关节方面的病症。只有用正确的方式激活关节，才能达到事半功倍的效果，就像汽车发动机在寒冷的冬天只有运转一段时间才能达到最佳的工作温度一样。

01 转手腕

有些跑者认为，跑步是腿部运动，上肢关节热身与否影响不大。但实际上，跑步是一项名副其实的全身性运动，身体的每一个关节都应得到重视，从肌肉到关节、从手部到脚部，全方位热身是必不可少的。

转手腕是一种比较常见的锻炼方式，它可以激活腕关节，提高腕关节的灵活性，让上肢摆臂时更加协调顺畅。这一动作看似简单，却十分重要。以合理、科学的方式激活手腕关节，能避免腕关节的意外损伤。

第一步，准备姿势。自然站立，双脚与肩同宽，重心稍微落于脚掌中部。上半身放松，双臂自然下垂或者抬至胸前与地面平行。保持颈部和背部的延展，目视前方，放松肩部。

第二步，基础转动。先将双手握拳，拇指轻贴在食指的侧面，不可过度攥紧，以免肌肉紧张。以腕关节为中心，做顺时针方向的旋转，幅度由小到大，速度由慢到快，转动 10 ～ 15 圈。在旋转过程中，应感受到手腕关节发力均匀，不宜出现生硬或卡顿，随后放松拳头，手掌自然打开，再次以腕关节为中心，做逆时针方向的旋转，同样完成 10 ～ 15 圈。

第三步，分段式转动。在完成基础转动后，可尝试分段式转动：先让手掌、手腕以及前臂处于同一平面，以手腕为分界点，做小幅度的“点头”动作（掌心稍微往前倾、往后仰），并将动作与旋转相结合。先做数次小范围的上下摆动，再缓慢左右旋转，让手腕和前臂得到充分舒展。

Tips：动作幅度循序渐进，不可盲目追求转动幅度，一开始以较小的圆弧进行热身。在转手腕时，切忌过度紧张，应保持稳定、均匀的呼吸节奏，如果动作过快，可能会导致肌肉抽筋。若在转手腕时出现疼痛、酸胀或明显不适，应立即暂停。如果手腕有旧伤，或有关节炎之类的疾病，请在医生或康复训练师的指导下选择合适的方式进行热身。

02 肩颈旋转

跑者在开启跑步前，要关注肩颈部关节的热身，通过适当的旋转活动，可以快速“唤醒”肩颈部位进入跑步状态。

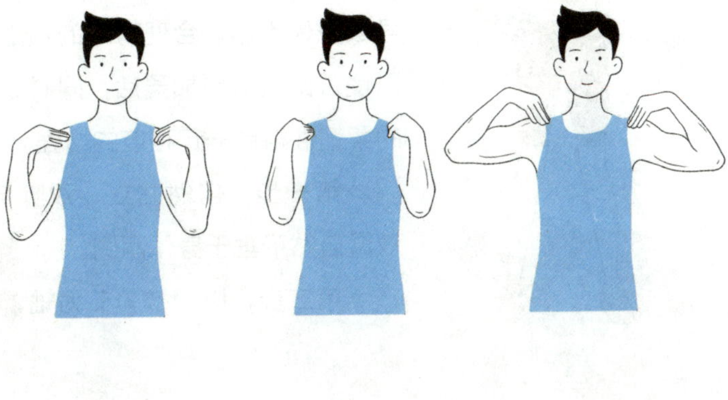

肩部环绕

第一步，自然站立，双脚略微分开，与肩同宽，轻轻抖动肩膀，准备开始肩部环绕。

第二步，手呈抱球状，将双手放在双肩，五指指尖“罩住”肩膀，手臂和手肘朝向正前方。

第三步，手肘向上举，感受肱三头肌和肩关节的拉伸感。

第四步，手肘朝侧向（身体两侧）旋转，至大臂水平张开。

第五步，手肘向下，沉肩，重复10次；然后再向后做圆周运动，重复10次。

Tips：肩部环绕的幅度和范围要控制得当，不要强迫自己进行幅度过大的环绕动作，否则可能会引发肩部撞击症，增加受伤风险。动作要连贯流畅，可以在心中默念“前—上—侧—下”四字流程，确保动作规范。

颈部环绕

颈部环绕可以有效锻炼颈部关节和肌肉，帮助跑者加快相关部位的血液流通速度，快速激活目标关节。颈部关节是人体中非常重要的关节之一，它是连接头部和躯干的关键枢纽，对血液、氧气的流通有重要作用，如果颈部长期得不到有效放松和锻炼，可能会出现缺氧、乏困、头痛等症状，如果在跑步前没有做好颈部热身，也可能会因突然的高强度运动导致身体不适。合理有效的颈部环绕，可以使颈部关节更加灵活，同时令颈部肌肉的柔韧性得到一定程度的增强。

第一步，自然站立，双脚与肩同宽，双臂自然下垂于身体两侧。

第二步，以颈椎关节为轴，做颈部环

绕运动。顺时针 5 圈，逆时针 5 圈，先后顺序可自行调整。环绕过程要以较慢的匀速进行，颈部关节较脆弱，如果速度过快可能引起损伤。

Tips： 跑者往往会随身携带一条毛巾，以毛巾作为辅助，进行颈部关节的前后拉伸也可以达到很好的关节激活效果。动作起始姿势和常规模式的颈部环绕相同，在做动作时，用双手拽住毛巾的两头，把毛巾套在后脑，双臂向前发力，颈部向后发力，将头后仰，对抗手臂和毛巾的阻力。

03 手臂旋转

跑步前要通过手臂旋转，实现手臂各关节（肘关节、腕关节等）的有效热身，以使跑步时的手臂摆动更加自然流畅。手臂旋转有多种益处，能够促进跑者局部血液循环，减轻其长时间不活动产生的僵硬感；对于手臂关节偶有不适的人群，能够缓解手臂关节的痛感和紧张感；能够强化各关节的灵活性、稳定性，并且强化周围的肌肉组织和韧带，降低运动损伤风险。

直臂画圆

第一步，自然站立，双脚与肩同宽，双臂伸展，与地面平行，保持手臂伸直。

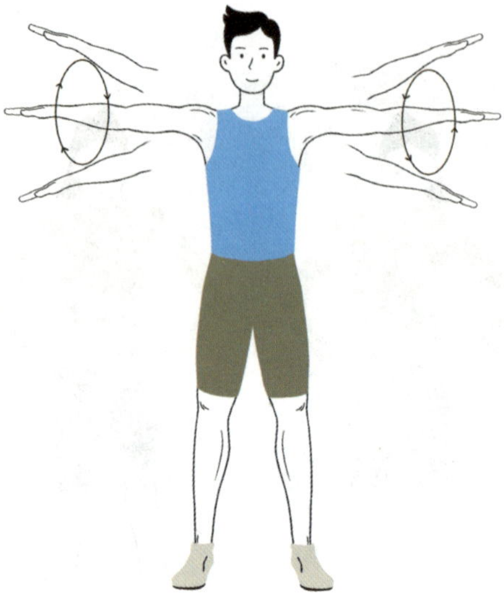

第二步，缓慢将手臂向前方旋转画圆，尽量扩大旋转范围，保证画圆的完整性，使关节充分活动，完成 5 ～ 10 次。

第三步，手臂向后旋转画圆，且运动幅度尽量大，速度缓慢均匀。

Tips：避免用力过度，手臂旋转是为了保证跑步的高效性和安全性，热身力度要掌控好，以免损伤手臂肌肉或关节。旋转手臂的同时，注意调整呼吸频率，以较慢的呼吸频率为宜。旋转幅度可逐渐增加，画圆由小到大，不要一开始就尽全力旋转，否则可能发生受伤风险。由于每个人的身体情况不同，在具体操作中应根据身体情况调整动作强度。

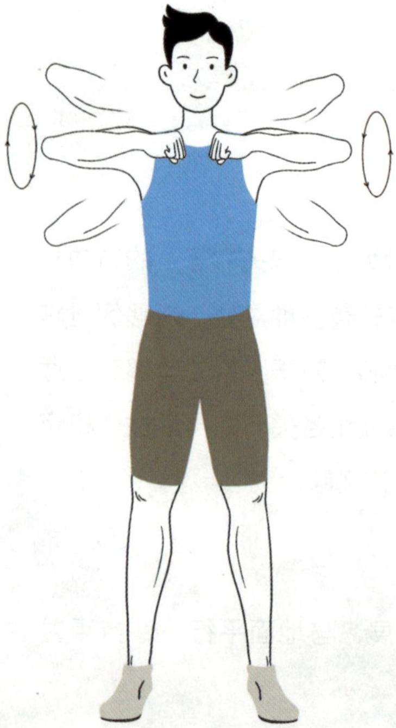

屈臂画圆

屈臂画圆主要针对跑者的肩部和手部关节与肌肉群进行热身，能够充分活动肩关节，强化肩部肌肉，预防运动损伤。

第一步，自然站立，身体正直，双脚与肩同宽，双臂自然垂于身体两侧。

第二步，双臂弯曲、抬起，双手握空拳。

第三步，以肩关节为轴心，双臂分别向前、向后画圆，尽量保证手臂与地面平行，充分感受肩关节、肘关节以及相关部位肌肉和韧带的拉伸，完成 5 ～ 10 次。

Tips： 屈臂画圆时要注意保持身体的正直状态，不要过度前倾、驼背或后仰。屈臂画圆要循序渐进，不能用力过猛，根据自己的身体状况和关节活动度安排计划和控制强度。

04 腰部扭转

腰部扭转是跑前热身乃至日常生活中较常见的一项活动，具有多种益处：不仅有益于保持跑者腰椎的柔韧性，加速血液流通，也有益于缓解腰椎关节和腰部肌肉的紧张感与僵硬感，还能在一定程度上锻炼跑者腰部和腹部的核心肌群（腹直肌、腹横肌、腹外斜肌、腹内斜肌等）。

第一步，自然站立，双脚与肩同宽。双脚微微向外打开，确保身体站立稳定，并自然垂于身体两侧（也可根据自己的喜好选择双手叉腰的姿势），颈部正直，平视前方，身体重心居中，不要出现前倾或后倾的情况。

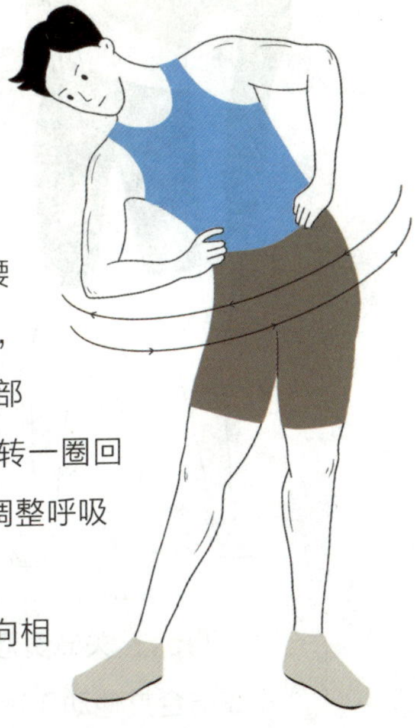

第二步，开始旋转，躯干从一侧开始旋转，感受腰椎的活动，以及腰部肌肉群的拉伸感。以腰部为轴心，让躯干画圆，在此过程中始终保持核心收紧，臀部等部位支撑稳定，不能随着躯干的转动而失去稳定性。旋转一圈回到初始位置后可停顿 1 ～ 2 秒，再开始第二圈。适当调整呼吸的节奏和频率，不要速度过快。完成 5 圈。

第三步，开始反向旋转，动作步骤如前，只是方向相反。要确保旋转的稳定性，保证呼吸频率，完成 5 圈。

Tips：跑者的个体差异比较大，在进行腰部扭转时，腰部灵活性较好的跑者，可以在活动时幅度适当大一些；腰部灵活性欠佳的跑者，可以在活动时幅度适当小一些。次数一般为正向 5 圈，反向 5 圈，跑者可根据具体情况调整次数。此外，如果想达到更好的热身效果，可以在腰部扭转时加入手臂动作（手臂抬起，与地面平行），以充分激活核心部位。

05 转髋

转髋能够帮助跑者充分激活髋关节和髋部肌肉群，在降低运动风险的同时，提高身体灵活性。

第一步，自然站立，脚尖微微向外展开，以增强稳定性。双臂自然垂于身体两侧，躯干正直，避免塌腰、弯腰和后仰，目视前方。

第二步，向右侧旋转，躯干保持稳定，感受髋部的拉伸感。左手叉腰，右手贴着左侧身体尽量向下触摸，到最低点后适当停顿 1 ～ 2 秒，然后缓慢回到初始位置。完成 5 次。

第三步，向左侧旋转，动作同上。完成 5 次。

Tips：关节灵活性较好的跑者可以根据自己的情况适当加入一些变式或结合其他动作适当强化。例如，适当加大热身幅度，在最大幅度时多停顿 2 秒，等等。

髋关节比较脆弱，在转髋时要始终控制好活动力度，避免用力过猛导致髋部扭伤。转髋全程保证躯干的正直，不能出现含胸驼背等情况。跑者要根据自己的身体状况合理安排训练强度和次数，根据动作调整呼吸，不能憋气。

06 腿部摆动

跑前做好腿部摆动热身，能够帮助跑者充分活动腿部、腰部关节，让接下来的跑步更加安全、从容。虽然腿部前后摆动和左右摆动方向不同，但热身效果类似，均有快速激活整个下肢关节的效果。

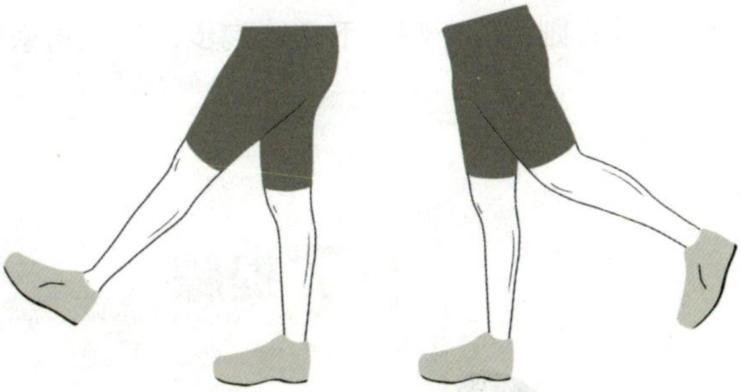

前后摆动

第一步，自然站立，双脚与肩同宽，身体直立、放松，双臂自然垂于身体两侧。

第二步，保证身体稳定，将一条腿向前抬起，不要有多余的晃动，让抬起的腿缓慢抬至约 45 度即可。摆动腿不要弯曲，要始终保持伸直的状态。随后向后摆动，同样摆至约 45 度，膝盖可适当弯曲，让摆动腿的脚后跟向后上方靠近，感受摆动腿大腿前侧和髋关节的拉伸感。然后自然放回起始位置，完成 5 ～ 10 次。

第三步，换腿进行前后摆动，动作步骤同上，完成 5 ～ 10 次。

左右摆动

第一步，自然站立，双脚与肩同宽，身体直

立、放松，双臂自然垂于身体两侧。

第二步，一条腿向外侧抬起，往侧边踢出，与支撑腿呈约 45 度角即可，达到最大幅度可略微停顿 1 ～ 2 秒，感受腿部和核心部位的拉伸感，然后缓慢将腿放下，完成 5 ～ 10 次。

第三步，换腿进行左右摆动，动作步骤同上，完成 5 ～ 10 次。

Tips：前后摆动和左右摆动时，要控制好动作的力度，逐渐增加力度和幅度，保证姿势的正确性，躯干不要随意晃动，支撑腿要稳定。前后摆动时，前摆脚尖微微绷直，后摆脚尖指向地面，拉伸感更好。因为腿部摆动是为了让接下来的跑步更加舒适，所以不宜安排过多次数，否则可能影响接下来的跑步，建议每条腿的摆动次数不要超过 10 次。

07 提膝

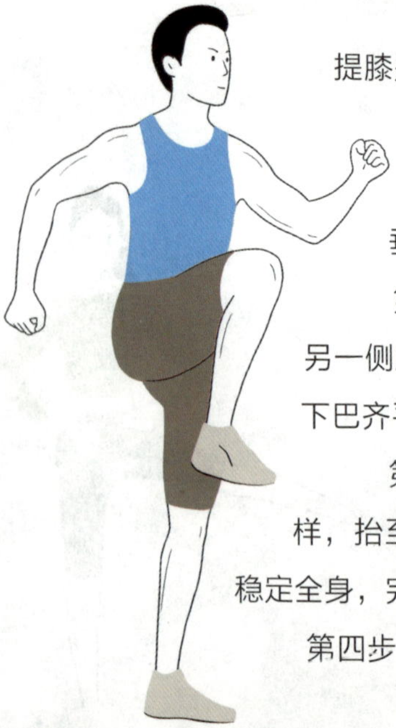

提膝是一项非常高效的跑前热身运动，能够在充分活动髋关节的同时，增强身体的平衡性，预防运动损伤。

第一步，自然站立，双脚与肩同宽，双臂自然垂于身体两侧，上身挺直，目视前方。

第二步，一侧腿后撤一步，踮脚站立，上身略微前倾，另一侧腿做支撑。后侧腿一侧手臂握拳屈肘向前举起，大约和下巴齐平。

第三步，后侧腿向前抬起，就像高抬腿的跑步姿势一样，抬至大腿与地面接近平行，双臂换位，便于发力，支撑腿稳定全身，完成 20 次。

第四步，换腿进行提膝，动作和步骤同上，完成 20 次。

Tips： 提膝要注意运动幅度和力度，避免用力过猛导致关节扭伤。提膝过程伴随着身体大部分关节的活动，要始终保持身体稳定。提膝时调整呼吸频率，能够增强热身效果。

08 转脚踝

脚踝是较脆弱的部位之一，跑步前脚踝得不到充分热身的话，很可能出现崴脚的情况，而且踝关节的损伤很难在短期内痊愈。转脚踝能够帮助跑者减少踝关节的僵硬感，预防脚踝扭伤。

第一步，在一块平坦的地面上，双脚站立，与肩同宽，保证身体稳定，上身挺直，双臂自然垂于身体两侧或叉腰。

第二步，抬起一只脚，高度约 15 厘米，让踝关节悬空，不承受身体的任何压力。以抬起脚的脚尖作为轴心，顺时针方向缓慢画圆圈，让脚踝旋转起来，完成 10 圈，然后停顿 2 秒。以逆时针方向缓慢画圆圈，同样也是完成 10 圈。

第三步，换另一只脚完成相同的练习。让两只脚踝都得到同样的热身效果。

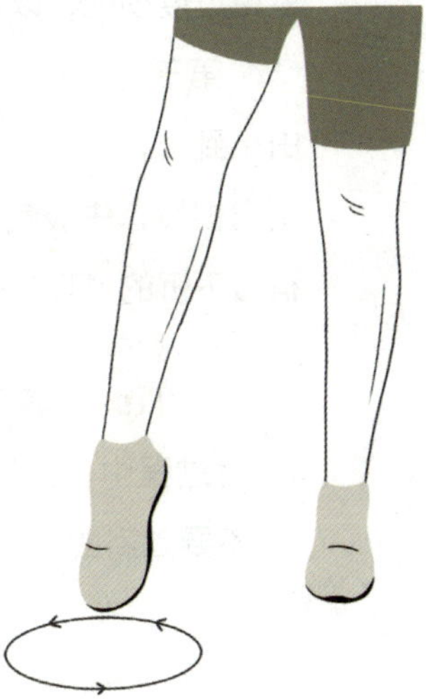

Tips： 转脚踝是为了让脚踝进入跑步的状态，因此热身幅度应该循序渐进。脚踝是较容易受伤的部位，所以在转脚踝前一定要确保脚踝健康无伤病。如果脚踝有旧伤，一定要提前咨询医生或专业教练的意见，不可盲目进行转脚踝运动。

09 分腿转肩

分腿转肩是简单有效的热身运动，能够通过肩关节的旋转有效激活上半身肌肉群。

第一步，选择一块平坦的场地，双脚分开略比肩宽或与肩同宽，脚尖朝前，脚掌均匀着地。保持腰背挺直，避免含胸或塌腰。腹部微收，使背部维持自然生理曲度。在动作开始前，先进行几次深呼吸，让身心充分放松。

第二步，将双腿稍稍向两侧分开，形成一个稳定的支撑面。根据自身柔韧性与舒适度来调节腿的开合度，一般建议略比肩宽。此时，膝关节微微弯曲，避免过度锁死，以减轻对膝盖的压力。

第三步，向前绕肩。先吸气，随后呼气时，双肩由后向前转动，幅度可以由小到大，先用小圆弧进行活动，逐渐加大转动半径。然后向后绕肩。与向前绕肩相反，先吸气，再呼气时，双肩由前向后转动。感受肩胛骨在背后收拢并稍微下沉的过程，带动整个胸椎和背部肌肉进行活动。

Tips： 转肩时，动作不要过快，每一个圆弧尽量舒展、流畅。在转肩过程中，保持脊柱的中立位，以防出现弯腰驼背或过度前倾的情况。不要耸肩或过度紧绷颈部，始终让肩部自然地随着动作旋转。

10 盘腿下蹲

盘腿下蹲是一种结合盘腿坐姿和下蹲动作，主要针对下肢、髋部、核心肌群以及相关关节部位的复合型热身运动，能有效增强跑者身体的稳定性与灵活性。盘腿下蹲对跑者的稳定性和腿部力量有一定要求，进阶跑者用来热身往往能达到较好的效果。

第一步，自然站立，双脚与肩同宽，双臂自然垂于身体两侧，身体保持正直，目视前方。

第二步，将一条腿抬起，把脚后跟放在支撑腿的大腿前侧，双手辅助固定抬起腿的脚后跟，保持稳定，然后将重心放在支撑腿上。

第三步，用支撑腿稳定身体，同时缓慢以近似后坐的姿势完成下蹲动作，蹲至大腿基本与地面平行，感受髋关节和腿部肌肉的拉伸感，停顿 1 ～ 2 秒即可。

第四步，起身恢复至下蹲前的姿势，然后重复上面的动作，完成 5 次。

第五步，换另一条腿重复上述盘腿下蹲动作，完成 5 次。

Tips：盘腿下蹲对跑者的身体素质有一定要求，初学者如果开始难以掌握平衡，可以一手扶墙或手扶单杠进行。盘腿和下蹲的动作幅度要适中，动作速度要缓，防止突然发力、用力过猛导致受伤。下蹲时吸气，当蹲至最低点并准备起身时呼气，呼吸频率要和动作协调一致。

第三节 心肺热身：让血液慢慢燃起来

跑步前进行一系列心肺热身运动是非常有必要的，通过科学的跑前准备，能够促进血液循环，增强关节和肌肉的柔韧性，避免扭伤、拉伤，并帮助跑者把心率控制在合理的区间。

进行一系列热身运动后，身体逐渐活跃起来，不容易因为突如其来的高强度训练而出现损伤等问题。

01 原地碎步跑

原地碎步跑是一种以原地小步快跑为主要特征的有氧运动，很适合用作跑步前的热身运动。原地碎步跑动作频率较快、步伐较小，再配合“前摆不露肘，后摆不露手”的动作要领，能够在保证安全性的同时提高锻炼效率。

原地碎步跑有哪些特点呢?

第一，锻炼部位的丰富性。原地碎步跑需要持续摆臂、抬腿和收腹，能够调动大腿、小腿、臀部、腰腹以及上肢等多个部位的肌肉群。

第二，锻炼者的广泛性。无论是跑步初学者还是经验丰富的跑者，都可以根据自身条件调整速度与时长，随时开始练习。对于无法外出或不方便进行长距离跑步的人群来说，原地碎步跑更是兼顾安全性与运动效果的绝佳运动方式。

第三，锻炼场地的随意性。原地碎步跑对场地要求低，无须占用大面积空间，也无须额外设备，只要在相对平坦、安全的场地即可进行。

具体做法如下。

第一步，双脚与肩同宽站立，身体自然放松，目视前方，背部保持正直，含胸收腹，重心略微前倾。

第二步，先从慢速的踏步开始，让脚尖轻触地面，逐渐将身体重心转移到前脚掌上，感觉身体逐渐舒展、下肢关节逐渐活动开后，逐渐加快步频，但步幅依旧较小。

第三步，随着碎步频率的加快，双臂自然弯曲于身体两侧，并按照“前摆不露肘，后摆不露手”的原则进行前后摆动。

第四步，根据体能状况，调整碎步跑的频率和时长，保持身体相对放松，呼吸均匀顺畅。

Tips：保持头部、躯干和下肢在一条直线上，避免腰背过度前倾或后仰，且双臂不过度摆动。对于初学者而言，先慢速熟悉动作，再适度加快节奏，能有效减少肌肉酸痛或运动损伤。如果在练习过程中出现膝关节、踝关节或其他部位明显不适或剧烈疼痛，应立即停止。

02 前后垫步

前后垫步，也称前后踏步，能够帮助跑者尽快激活心肺功能，较快地进入运动状态。前后垫步对激活下肢肌肉、提升关节灵活性、增强身体协调性等方面均有很大帮助。

在进行前后垫步热身运动时，左脚或右脚在前后两个方向做快速且小幅度的移动和落地，通过此动作，踝关节、膝关节、髋关节能得到充分活动，同时提高身体的反应速度和协调能力。由于动作幅度小且快速，不会给关节带来过

大冲击，适合在跑步等有氧运动之前做热身。

前后垫步时，记清动作要领，简单说就是“前前后后”，指的是“左脚前—右脚前—左脚后—右脚后”或“右脚前—左脚前—右脚后—左脚后”。

第一步，双脚微微分开，与肩同宽，身体站直，目视前方，双臂自然下垂于身体两侧。核心收紧，腰背挺直，肩膀放松。

第二步，选择一个舒服的起始脚，如右脚，往前踏，左脚在原地。右脚踏步时，重心略微向前移，前后脚间的步幅保持在能灵活移动的范围（不宜过大，大约在 30 厘米），后脚跟微微抬起，呈前后分腿姿势，然后通过快速移动前后脚来完成前后垫步。

第三步，连续进行前后垫步 20 ～ 30 秒，或者根据自身情况调整时间。结束时可慢慢停下脚步，让身体恢复直立姿势。

Tips：核心收紧、腰背挺直，防止动作过程中出现塌腰或后仰等姿势，避免给腰椎带来过大压力。不宜跨步过大，以免膝关节受力过度，保持“小而快”的节奏是关键。迈步及落地时应放松，且前脚掌轻着地，以减少对膝关节的冲击。手臂与双腿配合，自然摆动，协调整体的节奏感。 一般一组持续 20 ～ 30 秒，跑步前可以重复 2 组，避免时间过长。

前后垫步热身运动的常见错误之一是撅屁股。一些跑者为了充分保持稳定，习惯把身体压低，不知不觉出现撅屁股的情况，这样不仅会加大腰背部的压力，还不利于调整呼吸。解决方法是时刻保持腹部的绷紧状态，强化核心。

03 踏步

踏步，源自军事训练，是一种相对柔和的热身方式，具有普适性的特点，基本任何训练水平和身体状态的跑者都可通过这种方式进行热身。通过踏步，跑者能够充分热身，激活大腿肌肉群，对膝盖周围丰富的组织也有一定的保护作用。

踏步看似简单，其实在进行时也有许多动作要领，如果踏步的方式不对，仍可能对关节造成损伤。

踏步是比较基础的热身方式，对场地和器械没有要求，但是要确保运动场地路面平整、稳固，如果地面凹凸不平，可能有扭伤或崴脚的风险。

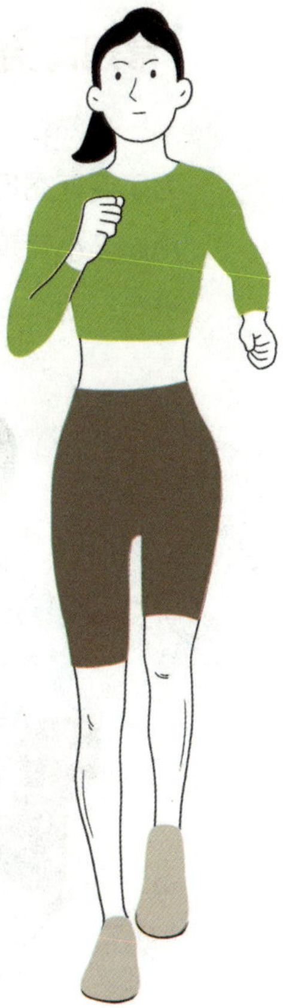

踏步时，目视前方，身体正直，双臂自然垂于身体两侧或叉腰，跑者可根据自己的偏好进行调整。适当沉肩放松，核心收紧。左右腿交替抬起，抬至大腿和地面平行或接近平行均可，小腿自然下垂，脚踝部位保持一定的紧绷感和肌肉张力。频率控制在 3 秒左右完成一次交替踏步。全程要调整好呼吸，和交替踏步的频率保持一致。

相比于其他热身运动，踏步对膝关节的压力较小，但是如果操作不当，仍有损伤风险，重点在于落脚的环节。在落脚前，要特别注意控制下落速度，不要让脚直接重重地落在地上，而是要稍微慢一点，留有一定的缓冲余地，避免落地时带给膝盖的冲击力。原地踏步热身一般持续 1 分钟左右即可，无须太长时间。

04 高抬腿

日常生活中的很多运动离不开抬腿，因此有些跑者觉得高抬腿没什么难的。实际上，高抬腿可不仅仅是把腿抬起来这么简单，而是一种以髋关节主导的整个下肢系统的运动，涉及整个下肢系统的稳定和控制。因此，高抬腿的心肺激活效果非常好，是进阶跑者用来热身的重要项目之一。

常规高抬腿

自然站立，双脚与肩同宽，身体放松，自然沉肩。左腿抬高，抬起的同时为了保证充足的灵活性，右脚可随之踮起。双手握空拳，保持身体平衡。右臂甩起至小臂垂直于地面。左腿的膝关节尽量去触碰右臂的肘关节。完成后换腿进行，动作步骤同上，完成 10 ～ 15 次。

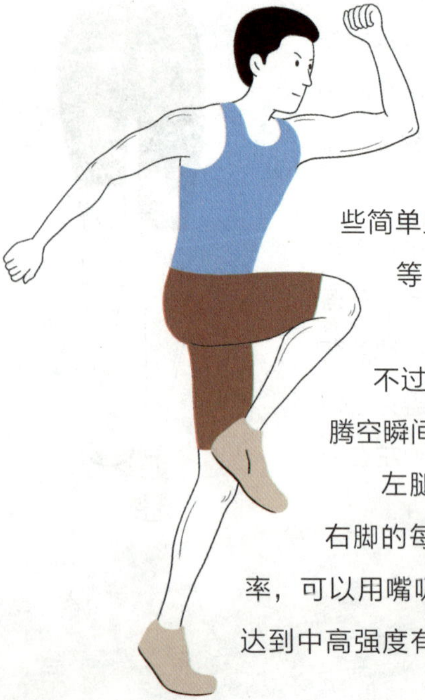

高抬腿跑

如果跑者对常规高抬腿没有任何压力，可以尝试其进阶版——高抬腿跑。高抬腿跑具有一定的强度，建议在开启这项运动前，先进行一些简单且必要的拉伸动作，包括踝关节旋转、膝关节旋转等，等身体各关节活动开后再进行。

高抬腿跑的动作与步骤和常规高抬腿大体相似，不过高抬腿跑强度更大，频率更快，有双脚同时离地的腾空瞬间，对心肺、核心均有一定的要求。

左腿用力蹬地向上高抬腿，落地前右腿就要抬起，左右脚的每次落地都是前脚掌着地，始终保持合适的呼吸频率，可以用嘴吸气，用鼻呼气，持续运动，达到身体微汗、心率达到中高强度有氧运动的区间的强度。跑者可根据自身情况完成

30～60 秒。

高抬腿跑时，千万不要弯腰去“找”腿，这是初学者的常见错误。一定要用髋关节主导，把腿尽量抬高，并控制腿部活动。禁止出现髋内旋（X 形腿）的情况，否则容易导致髋关节疼。要确保双腿分开与肩同宽，膝盖对正同侧肩膀，直上直下运动。

05 原地左右跳

原地左右跳是一项高效热身动作，可以激活下肢与核心肌群，提高神经肌肉协调性，为正式运动做好充分准备。原地左右跳需要身体在左右移动时保持重心的稳定，这样有助于提高跑者的平衡与协调能力。跳跃动作能提升心率，促进血液循环，使身体快速进入运动状态。

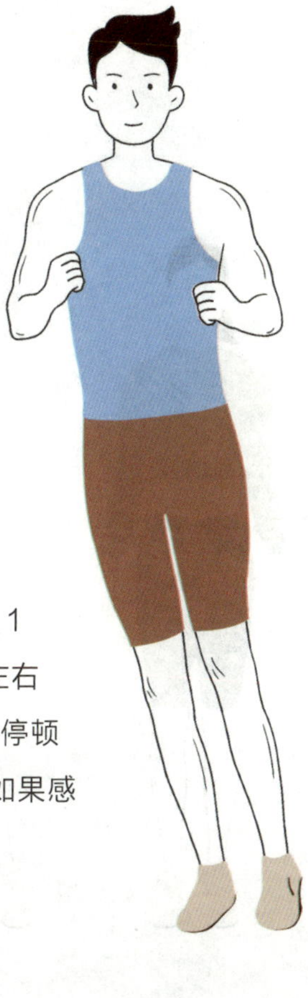

双脚与肩同宽，双膝微微弯曲，核心收紧，背部保持自然挺直，手臂自然下垂或叉腰，或屈臂于胸前，以保持身体平衡。

身体重心稍微前倾，放在前脚掌上。向左侧轻轻跳跃，落地时避免用脚跟或前脚掌单点着地，要尽量平稳、轻柔地落地。站稳后再快速向右侧跳跃，同样注意落地时的缓冲与稳定。在左右跳的过程中，可以配合手臂摆动，以保持身体平衡或动作的标准性。

初学者可以先慢速练习，在每一次起跳前和落地后停顿 1 秒，体会发力的感觉，熟悉动作与呼吸节奏后，再逐渐加快左右跳的频率和加大幅度。全面掌握动作后，保持动作连贯，不停顿地左右交替进行。动作过程中的呼吸尽量配合跳跃的节奏，如果感到疲劳，可以减小跳跃幅度或放慢跳跃速度。

Tips： 膝关节略微弯曲，可以充分起到缓冲和保护膝盖的作用，减少过度冲击对膝盖、踝关节的损伤。保持腰背稳定，避免腰背过度弯曲或塌腰，有助于维持平衡。尽量用前脚掌或足中部落地，避免大力踩地，以减少对膝关节的冲击。初学者可先进行小幅度、低频率的左右跳，待身体适应后再加大跳跃幅度与频率，以免运动过度导致肌肉或关节劳损。

原地左右跳热身动作简单高效，能够在较短时间内激活下肢及核心肌群，增强身体的平衡性和协调性，为进行跑步等有氧运动做好热身准备。练习时务必掌握动作要领，保持核心收紧，落地轻柔，并根据自身状况及场地条件适当调整运动时间。

06 开合跳

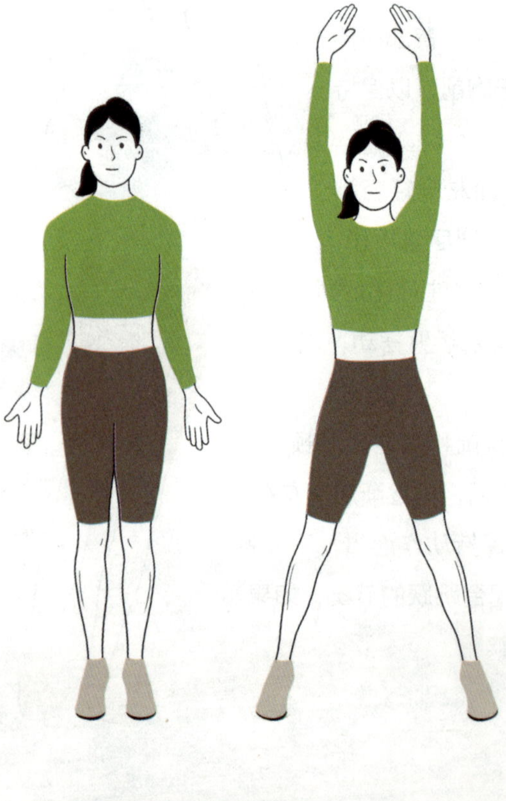

开合跳是一种简单、全面的有氧运动，热身和燃脂效果都非常好。该项目不受场地、器材的限制，具有很强的便捷性和即时性。

第一步，双脚自然站立，近乎并拢，收紧核心，双臂自然垂于身体两侧。在正式开始之前，尝试几次深呼吸，把呼吸频率调整好，准备迎接开合跳的正式动作。

第二步，深吸一口气，开始跳跃，利用大腿肌肉的力量，让双脚向两端跳起踢出，小腿由大腿的摆动带出，可以适当放松。时刻保持核心收紧。头部平直，目视前方，不要出现仰头或前倾的情况。手臂动作随着跳跃同时进行，双臂掌心相对，向上方画弧，至大约垂直于地面（也可击掌）。双臂肘关节要轻微弯曲，不要完全锁死。

第三步，双脚跳至最高点，且双臂举至最高点时，身体即回落。在即将落地的瞬间，利用核心力量和腿部力量控制身体，让双脚落地时的冲击力得到有效控制，以减轻对膝盖的冲击力。重复动作，完成 30 ～ 60 秒。

Tips：开合跳具有一定强度，跳跃时，要用大腿发力，而不是仅用小腿肌肉轻轻跳起。膝盖和肘关节要保持轻微弯曲，不要完全锁死。始终保持核心收紧，有助于稳定身体，把控身体的平衡。落地时是关键，要控制好下落速度，避免落地时的冲击力对膝关节造成损伤。动作全程尽量保证跳跃上升时吸气，下降时呼气，保证动作的连贯性和整体性。

07 快步走

快步走是一项随时可以进行的运动，跑者在正式开始跑步前，不妨先从快步走开始，逐渐活动身体，提升心率。

那么，快步走和正常走路以及跑步有什么区别呢？它们的主要区别就在于时速。一般来说，我们将时速 3.6 千米定为慢走，时速 5.5 千米定为快步走。也就是说，如果某个人 10 分钟能走大约 1 千米的路程，就是比较标准的快步走了。

快步走的运动强度比较小，也正因此，快步走具有非常强的普适性，适合各个年龄段的人进行。无论是青少年还是中年人，抑或是老年人，都能通过快步走有效热身，获得强身健体的益处。快步走对场地、运动时间都没有什么限制，只要路面的平整度还可以，就能进行快步走这项运动。

为了确保快步走收益最大化，并且避免可能出现的隐患，在快步走时要注意以下这些情况。

第一，尽量选择平整的路面。如果路面存在难以被观察的坑洼或凸起，很可能会崴脚，而且，长期在这样的路面快步走，还可能对踝关节、膝关节造成损伤。环境优美的公园是快步走的首选地。

第二，在快步走的过程中要保证身体姿态的稳定，挺胸抬头，双肩自然打开，头部、颈部和臀部尽量保持在同一条直线上，身体可微微前倾。

第三，摆臂跟随迈步动作，干净利落，自然甩起，但是不要幅度过大，更不要甩到肩膀上方。

第四，腿部步伐要大，速度要保证在呼吸微喘的状态，如果呼吸非常平稳，可以适当加快速度；如果呼吸过于急促，可以适当降低速度；

第五，不要在刚吃饱饭后就进行快步走运动，比较合适的时间是早晨起床的空腹阶段或者晚饭一小时后。

在跑步运动开始前，可以通过快步走热身 5 ～ 10 分钟。对于多数人来说，这样的训练时间能够让身体微微发热又不至于过于疲劳，从而保证接下来有更好的跑步状态。

08 慢跑

慢跑是一项集解压、保健、娱乐于一体的常见运动。无论男女老少，找到合适的时间、地点，穿上舒适的服装和跑鞋，就能开启一场畅快的慢跑之旅。在晨曦的第一缕阳光中，或是傍晚最后一抹余晖下，城市的公园、乡间的小道上，总能看到一位位跑者迈着稳健的步伐，享受着慢跑带来的乐趣。

慢跑看似简单，实际上蕴含着非常丰富的运动哲学，它不仅是锻炼身体的一种有效方式，还是积极乐观的生活态度的一种体现。

慢跑是一项全身性的热身运动，全身各个部位都要遵照科学的动作来进行。慢跑看似简单，但如果姿势不正确，也可能给身体带来损害。

躯干：上身保持自然挺直，挺胸收腹，目视前方。

手臂：双手握空拳，手臂自然放松，跑步时自然摆臂，摆臂幅度既不能过大也不能过小。肩膀自然放松，避免出现耸肩或刻意往前送肩的情况。

臀部：臀部要和头部、脚部呈一条直线，有利于身体的整体稳定。

腿部：跑步时，双腿和手臂的摆动保持一致的频率。一条腿后蹬，另一条腿屈膝前摆，小腿自然放松。关于脚的着地方式，跑者之间存在一些争论，有人认为应该前脚掌先着地，也有人认为应该脚后跟先着地。本书认为短跑和中短跑适合前脚掌先着地，长距离慢跑更适合中足先着地。

膝盖：长距离慢跑时，膝盖不要抬太高，膝盖和脚尖朝向一致有利于保护膝盖。

呼吸：慢跑的呼吸方式值得跑者好好体验。呼吸方式比较多，包括两步一呼、两步一吸，三步一呼、三步一吸。如果是进阶跑步爱好者，可以尝试采用腹式呼吸，腹式呼吸和常规呼吸相反，在吸气的时候要求鼓腹，呼气的时候要求收腹。

时间：对于慢跑初学者，建议慢跑时间不要超过 15 分钟，避免身体过于疲累，影响下次训练。有一定跑步基础后，可逐渐增加时间，建议平均一周慢跑 3 次，隔一周适当延长一次时间，一般延长 3 ～ 5 分钟，逐渐增强自己慢跑的耐力。

Part 3

科学跑步：做有智慧的跑者

跑步姿势，适合的就是最佳的

对于大部分人来说，跑步是一种与生俱来的技能，但恰到好处的跑步姿势就不一定人人具备了。不少跑步类图书或者一些有经验的跑者可能告诉过你，什么样的姿势才是“正确的”“完美的”。其实，并没有真正意义上正确或完美的跑步姿势。

跑步会涉及人体的肌肉、骨骼、关节等诸多部位，而每个人的身体状况各不相同，对他人来说正确的跑姿，对你来说可能有伤害性。所以，不用刻意模仿别人的姿势，尤其是跑步新手，不要盲目矫正自己的姿势，而要根据自己的身体状况，通过调整基本身体形态，找到适合自己的跑姿。有一个很简单的方法，可以帮助你界定适合的范围：如果你的跑步姿势让你跑得开心，既感到放松又不会频繁受伤，那它就是适合你的跑步姿势。

一般来说，随着跑步能力的逐渐提升，身体各项机能会逐步得到改善。在这个过程中，我们的身体会自然而然地摸索出适合自己的跑步姿势，所以，不用急于求成，听从自己身体的反馈，调整节奏，就能找到自然的状态。适合自己的，才是最佳的。

第一节　身体机能：与跑步密切相关的“三大厂牌”

01 肌肉的工作方式

估计不少人会认为，跑步就是下肢运动。其实不然，它是一项全身性的运动。每当我们奔跑时，会调动全身的“肌肉军团”来帮助我们提高跑步效率。肌肉是力量的象征，那么，跑步的时候，是哪些肌肉在默默地为我们提供动力呢，它们又是如何协同工作的呢？下面，我们就来认识一下它们吧！

跑步中的主要肌肉群

股四头肌——大腿前面的肌肉群，主要由股直肌、股内侧肌、股外侧肌、股中间肌组成。股四头肌可以说是跑步中的“前锋”，每当我们向前伸展膝盖时，股四头肌便负重出击，默默地把膝盖抬起、放下，让我们踏出一步又一步。一般来说，股四头肌越强健，双腿的爆发力就越强。

腘绳肌——大腿后面的肌肉群，主要由半腱肌、半膜肌、股二头肌组成。腘绳肌可以说是跑步中的“后卫”，每当我们的脚落地时，腘绳肌会使出弹簧般的力量，帮助双腿控制落地的冲击力，放缓膝盖的伸张，让我们不至于震得骨头都麻了。

臀大肌——臀部的核心力量来源。在跑步时，它是关键的“推动器”。当我们迈腿向前时，它会带动整个髋部向前推进，帮助我们保持下半身的稳定。由于臀大肌位于人体重要的连接处，所以它也会连带影响其他诸多部位的肌群。

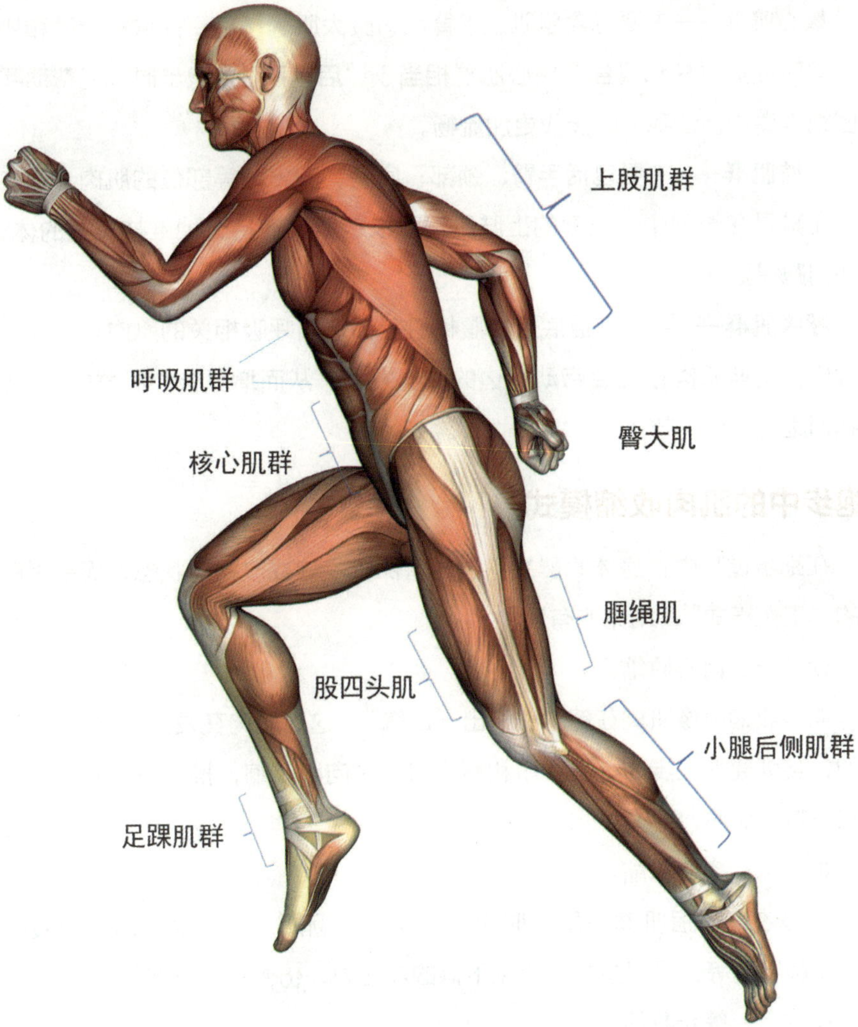

小腿三头肌——小腿后侧肌群，主要包含腓肠肌和比目鱼肌，起到维持身体平衡、减少脚部疲劳、控制急起或急停等作用。当脚尖离地时，小腿三头肌

会发力，帮助我们“弹跳”到下一个步伐或完成冲刺。

足踝肌群——主要包含胫骨后肌、腓骨长肌、趾长屈肌等，能够起到减缓脚踝冲击力的作用，尤其是在长距离跑步中，可以增强足部的稳定性。它就像底盘一样，支撑着我们的每一步。

核心肌群——主要包含腹肌、下背肌、腰大肌等，负责提供稳定性和协调性，同时保护脊柱和骨盆。核心肌群相当于“后勤队”，跑步时，它帮助我们稳固跑步姿势，让我们的步伐更加流畅。

上肢肌群——主要包括手臂、颈部、肩膀、胸、背等部位的肌肉。在跑步中，尤其是在长跑中，强健的上肢肌群可以帮助我们持久地维持良好的体态，让我们跑得更好。

呼吸肌群——膈肌、盆底肌、腹横肌等都是和呼吸相关的肌肉。在呼吸的过程中，这些肌肉往往会带动周边的肌群发力，从而增强核心肌群的稳定性，让我们跑起来更高效。

跑步中的肌肉收缩模式

在跑步过程中，身体肌群并不是一直保持收缩或放松的状态，而是采取灵活的“工作模式”，常见的有三种。

模式一：向心收缩。

向心收缩就像肌肉在努力“挤出一口气”，这时肌肉在发力时呈缩短状态。例如，当脚离地迈步时，腘绳肌和臀大肌发生向心收缩，推动身体向前，就像肌肉在喊“加油，冲啊！”。

模式二：离心收缩。

离心收缩是指肌肉在用力时拉长的状态。例如，在落地的瞬间，股四头肌、小腿肌群等会慢慢拉长，控制下落的冲击力，仿佛在“刹车”。

模式三：等长收缩。

等长收缩是指长度保持恒定而张力发生变化的肌肉收缩。例如，核心肌群就常常进行等长收缩，为身体保驾护航，维持稳定的跑姿。

这三种收缩方式交替进行，使得肌肉在运动中发挥出良好的“工作效率”。

通过认识身体肌群、了解肌肉在跑步中的工作方式，帮助肌肉高效工作，我们不仅能享受跑步的乐趣，还能更长久地保持健康的身体状态。

02 骨骼的工作方式

骨骼对人体起到重要的支撑和保护作用。在骨骼的带动下，通过肌肉的收缩或舒张，人体完成想要完成的动作。依照骨骼的形态，可以将骨骼分为长骨、短骨、扁平骨、不规则骨和籽骨五种类型。各类骨骼协同作用，为人体提供多重支持。

骨骼的保护和支撑功能

骨骼能够为人体的各种器官提供充足的保护。例如，头骨保护头部，肋骨保护人体位于胸腔内的各关键器官，包括心脏、肺部等。此外，骨骼还为人体的各组织和器官提供强有力的支撑，保障人体的基本形态。

举例来说，我们在跑步时，骨骼通过强有力的支撑，保障我们的稳定状态、体态，以实现各种运动表现，如抬腿、迈步、甩臂、弹跳等。

骨骼的造血功能

骨骼的造血功能主要由骨髓来完成。要知道，骨骼并不是完全实心的，中间存在大量的小孔，这些小孔非常细微，而身体内遍布的大大小小的血管则通过这些小孔“进进出出”。骨骼的内部还存在大量柔软的骨髓，骨髓中含有造血工作的“主力部队”，也就是造血干细胞。

造血干细胞具有强大的自我更新能力，能不停地分裂红细胞、白细胞和血小板，这些新生血液细胞从骨骼内部通过骨骼小孔中的血管送出，分别抵达身体的各个部位，为人体提供充足且丰富的血液支持，促进血液循环。

骨骼的储存功能

骨骼具有储存功能。在储存功能的作用下，大量营养物质被储存在骨骼内，当人体有需要的时候，这些营养物质将会被输送到人体中急需的部位，为生理活动提供支持。一般来说，骨骼通过储存钙和磷等矿物质，维持血液的钙磷平衡；通过储存大量的骨细胞、成骨细胞等，促进骨骼的生长；通过储存一些身体所需的其他营养物质，如糖原、脂肪等，为机体提供充足的能量。

那么，跑步的时候，骨骼又是怎样工作的呢？让我们从头到脚来说吧。

当我们跑步时，颅骨、椎骨、肋骨等骨骼用来保证上身躯干的稳定，不让身体在跑动过程中乱晃，而是始终处于一个相对稳定的状态。无论奔跑速度快或慢，上身的前倾幅度都能够保持在可控范围内。

肱骨、尺骨、桡骨用来保证手臂的弯曲角度，使其随着跑步的节奏有规律地摆动。

接下来到了人体的“中间地带”——骨盆。一方面，骨盆承载着上肢的重量，包括我们常说的“五脏六腑”，还有头部和双臂；另一方面，骨盆连接着下肢，用来实现上下肢的动作传导和协调。

股骨是人体中最长的骨头。如果把跑步比喻成汽车的行驶，那么长骨就像汽车的发动机一样，起到驱动的作用。在跑步过程中，肌肉会随着长骨向前摆动被拉伸和收缩。骨头越长，能够活动的范围通常就越大，这就解释了为什么腿长的人步幅更大、跑得更快。

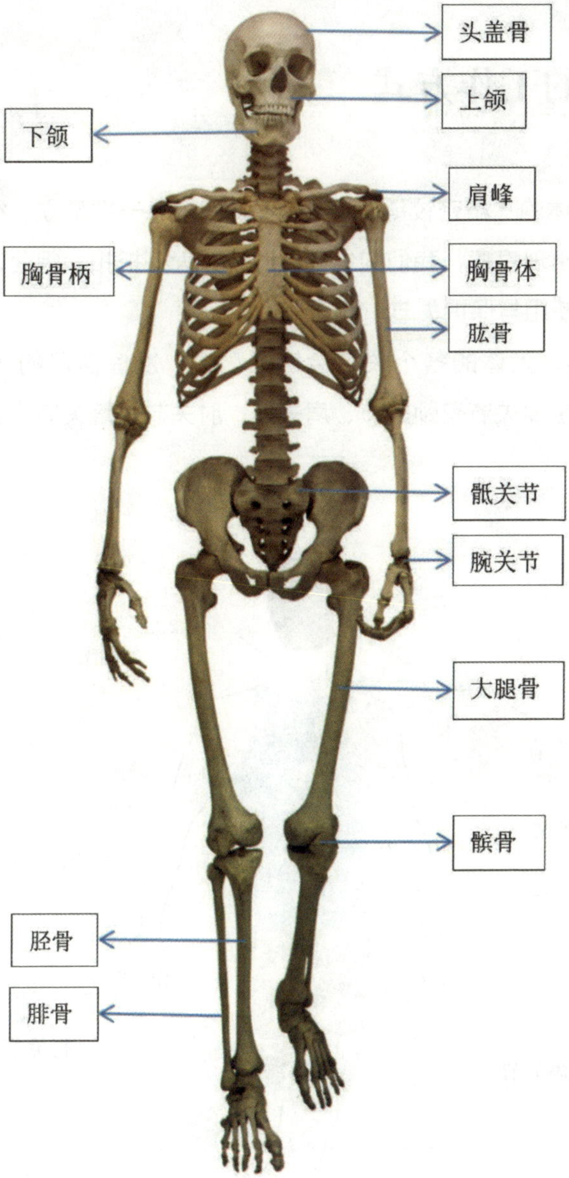
头盖骨
上颌
下颌
肩峰
胸骨柄
胸骨体
肱骨
骶关节
腕关节
大腿骨
髌骨
胫骨
腓骨

03 关节的工作方式

关节就像人体的“精密铰链”，支撑着我们的每一次站立、行走、转身等动作，一旦关节出现疼痛，我们的生活品质就会大打折扣。因此，每一位跑者都要学会正确地使用与保护关节。

跑步的时候，人体的各个关节会协同配合，发挥自己的作用。一般来说，参与跑步的主要关节有颈关节、肩关节、肘关节、髋关节、膝关节和踝关节等。

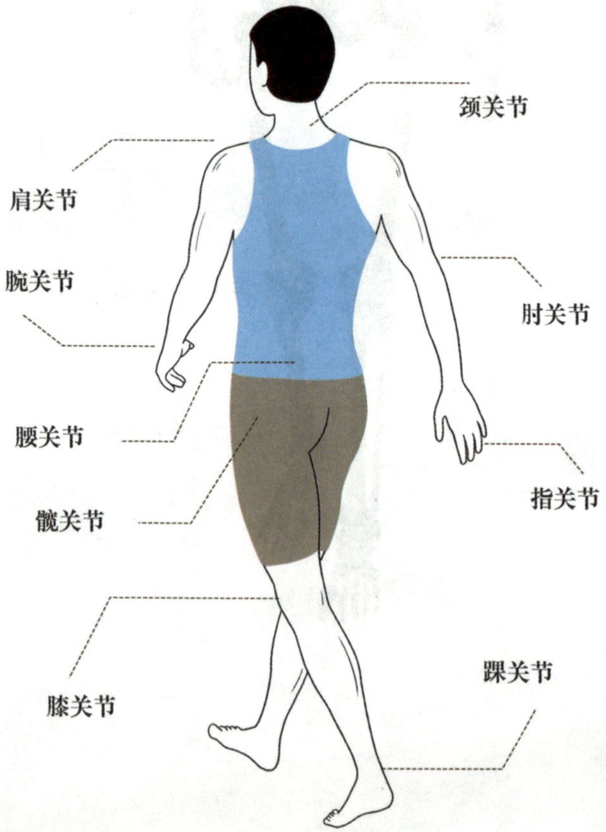

要深入了解关节的工作方式，就要了解它的结构。一个关节至少由两块骨头组成，骨头周围被关节囊包裹。关节囊的壁共有两层，外层是坚韧的纤维层，如同一条牢固的“安全带”，将两块骨头稳稳地连接在一起；内层是能分泌滑液的滑膜层，负责产生润滑剂，让关节软骨更顺畅地彼此滑动，不仅能有效减少摩擦，还能把营养物质及时补给软骨。

关节软骨自身像一块富含液体的海绵。当人体活动时，软骨彼此挤压，代谢废物随压力排出；当压力消失，它们又能如同海绵般吸收新的滑液，将新鲜的营养物质带回软骨内部。如此挤压与释放的循环，就在运动中持续发生，让软骨得到良好的新陈代谢。

值得注意的是，这种“海绵模式”并不受重力方向的限制，也就是说，无论我们是站着活动、坐着活动，还是躺着活动，软骨都能借着关节活动的规律性加压与减压来实现自我修复。正是凭借这一“海绵原理”，关节才能灵活地转换角度，在肌肉协同收缩的作用下，带动肢体进行各种方向的活动。比如，膝关节可以完成弯曲与伸直的动作，髋关节可以完成外展和内收的动作，肩关节能协助手臂做出大幅度的旋转，等等。因此，虽然每个关节都拥有自己特定的活动范围与结构特性，但都遵循着相似的工作机制。

在日常生活中，如果人们形成了一些不良动作习惯，如久坐不动、长时间姿势不变、过度运动或错误的运动方式等，都会让关节无法正常完成“挤压—释放”的循环。久而久之，“海绵模式”被打破，软骨得不到足够的养分和润滑，关节囊滑膜层的分泌功能就会受到影响。这样一来，人体就容易出现局部炎症，导致关节的退化速度大大加快，逐渐出现疼痛、僵硬或关节炎等问题。

至此，在充分了解了关节的工作方式后，我们可以为关节制订一套日常养护方案。在日常锻炼过程中，要做到以下几点：适度、规律地运动，以帮助关节保持灵活度；强化关节周围的肌肉群，因为肌肉是关节最强大的守护者；进行适度的力量训练（如核心肌群锻炼、腿部力量训练），这样有利于减小关节负担，预防软骨过快磨损。

第二节 基本姿势：打造适合自己的姿势

01 站姿

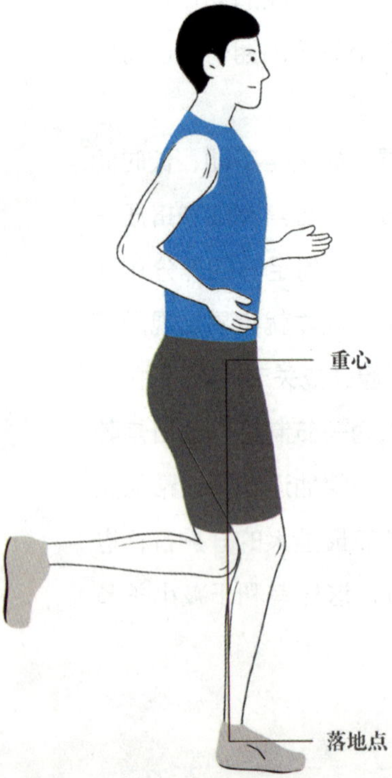

站姿决定着我们身体的平衡与稳定，也直接影响着关节、肌肉的受力方式，进而左右着跑步的安全性。要想获得更轻松、更持久、更有效的跑步表现，就必须从“站好”这一步开始。

跑步站姿的核心点在于让我们的身体处于一个中立、稳固的姿态。什么是中立？简单来说，就是身体的各关节部位——踝关节、膝关节、髋关节、肩关节、颈关节等——都处于和谐的排列中，没有出现明显的前倾或后仰，也没有过度弯曲或伸展。这样的站姿能够将身体的重心维持在双脚之间，使我们在跑步时得到均匀、合理的受力分配。

要想找到中立的感觉，可以先从脚底做起。自然站立时，双脚与肩同宽，脚尖略微向前或稍稍外展，感觉足底与地面的每一个接触点都能均衡地分担身体的重量，这样站立可以为上半身提供良好的支撑。随后，注意双膝的动作。双膝保持微弯状态，避免膝关节过度“锁死”，以便跑动时能顺利吸收冲击力。

从髋部到腰背是一些人容易出错的地方。若习惯性地含胸塌腰或过度前倾，就会把身体重心前移，增加下背部的负担；若上半身过度后仰，又会让膝关节承受过大的冲击。

正确的做法是腹部轻轻收紧，让骨盆自然地微微前倾，脊柱维持一定的延伸感，想象头顶上方有一条线在轻轻向上牵引，让后背自然地挺拔起来，而不是刻意地硬直。

在跑步的过程中，一些跑者可能会发现，因为长久以来的习惯，自己总是喜欢抬头、含胸或左右晃动，这时不必过分焦虑。正确的姿势是一个慢慢塑造、不断调整的过程，需要我们在日常跑步中持续地提醒自己。在不跑步的时候，我们可以在镜子前训练，通过核心肌群训练或有针对性的矫正动作，来帮助身体逐渐适应更健康、准确的姿势。

02 头肩姿势

头部与肩部的姿势往往决定着运动的舒适度，也在很大程度上影响着关节的健康。一些人在跑步时，因为将注意力更多地集中在腿部动作上，而忽略了头肩姿势。结果，头部、肩部肌群长期处于紧张状态，容易产生疲劳酸痛，还会导致我们在跑动中耗能更多、运动表现下降。要让跑步变得更轻松、有效，就要让头部和肩部处于更加放松的状态。

跑步时，头部要正对前方，双眼平视道路，除非需要留意地面状况，否则尽量避免低头或前探的姿势。肩部自然放松，下垂

的同时预防含胸，可借由“耸肩一停顿一放松”的简单练习来帮助肩颈舒缓。

跑步时，头部不应僵硬地独立活动，而应跟随身体的律动保持轻微的前后摆动，幅度要小，以舒适为前提。过度控制头部、让其保持一成不变的姿势，反倒会增加颈椎的压力。

很多人在跑步时会无意识地耸肩，这是由姿势不当所致。要避免耸肩，先要在起跑前放松肩颈肌群，做一些耸肩、转动肩关节的热身动作，然后在跑步中保持肩关节向下、向后微微收紧，但不过度用力。可尝试将肩胛骨向下后方靠拢，尝试感受背部的轻微收紧。

如果跑者有圆肩的情况，可能会对肩部姿势造成不良影响，圆肩可能会导致脊柱侧弯，并向前拖动头部，使颈肩肌群过度紧绷；过度后缩则会造成背部弧度变形，挤压肩关节的活动空间。理想的状态是让肩膀自然地向两侧展开，保持胸腔开放、脊柱在延伸中有一条自然的弧度，避免过分地前倾或后倾。

在摆臂动作方面，务必以肩关节为轴进行前后摆动，左右幅度不宜超过身体正中线，以免影响身体重心。此时，手指、手腕与前臂都应保持放松状态，肘关节约呈 90 度角。想象两臂分别在身体前后形成预备起跑的姿势，后摆时尽量抬高手肘，再配合轻松的前摆。若动作节奏加快，可适度增大手臂的摆动幅度，帮助增强跑步的稳定性。

做到这些，你会发现肩颈压力明显减轻，手臂摆动更为顺畅，并与脚步的节奏协调一致。无论是日常慢跑还是专业训练，只要将这些要点融入跑姿，每一步都能更省力、更轻盈。

为了让头部和肩部的正确姿势更容易形成并保持，跑者在日常生活中也要养成良好的习惯。例如，平时工作或看手机时，尽量让电脑或手机屏幕与视线平齐，每隔 30 ～ 40 分钟起身活动一下肩颈，可以做一些简单的旋转或拉伸动作，让肩膀放松一下。每次跑步前，检查一下自己的头部与肩部位置：头是否过度前伸？肩膀是否耸起？然后配合深呼吸，让头部和肩关节尽量恢复到中立放松的状态。

03 手臂姿势

跑步过程中手臂的摆动不只是“摆摆就好”，摆臂动作在跑步中起到平衡身体、协助发力的作用。正确的手臂姿势不仅能帮助跑者在跑步过程中更加稳健、舒适，还能使步伐更具节奏感。手臂的摆动可以很好地抵消躯干左右晃动的倾向。如果手臂姿势不正确或摆动节奏紊乱，身体会很难稳定在重心线上，进而消耗更多体能。手臂摆动能帮助发力，尤其在跑步加速或上坡时，手臂的配合摆动可增加整体向前冲的力量，减轻疲劳。

手臂姿势动作要领

1. 以肩为轴，前后摆动

手臂的主要摆动方向应该以肩关节为轴，呈前后摆动，而不是左右摆动。这样做能维持跑步时身体的平衡，让身体重心更稳定。若摆动范围过大、横向摆动幅度过大，就容易让身体出现不必要的摇晃。

2. 肘关节弯曲约 90 度

大多数情况下，跑步时肘关节的角度保持在约 90 度。这样既能为手臂提供足够的摆动空间，也不会让手臂过度伸直或弯曲而增加关节与肌肉的负担。随着跑速加快，肘关节的角度会有轻微变化，但通常不会偏离太多。

3. 手部、腕部自然放松

一些跑者习惯跑步时握拳过紧，甚至出现紧张握拳、手背发力的情况。这样做不仅没有额外的动力加成，还可能导致前臂肌肉和腕部关节僵硬。理想的状态是轻握拳或手掌微弯，让整个前臂和腕部保持相对放松。

4. 肩部适度放松

肩部僵硬、耸肩、含胸都是常见的错误姿势。要想让手臂摆动顺畅，首先需要肩关节处于自然、舒适的姿势：肩膀自然下垂，肩胛骨微微向后内收，保证胸腔打开、肩颈放松。

不同跑速与路况的摆臂姿势

1. 慢跑或放松跑

在较为轻松的慢跑状态下，摆臂幅度和速度可以稍微小一些，重点放在保持节奏上，让手臂维持低幅度的前后摆动，帮助我们节约体能。

2. 中高速跑

跑速提高时，需要手臂提供更多的配合来增加前进的动力。此时，手臂的前摆需要略微抬高，后摆需要更加积极有力，以助力腿部快速迈动，并在动作变化或冲刺阶段给予身体最大的助力。

3. 上坡与下坡

上坡时，可适度加大手臂后摆的动作幅度，协助身体对抗重力，同时保持核心肌群收紧，避免身体过度前倾。

下坡时，摆臂可以稍稍向侧后方打开一点，帮助维持身体平衡，防止身体前冲过猛。

04 双腿姿势

双腿是跑步时整个身体的“发动机”和“支撑轴”。如果说手臂的摆动能帮助我们维持平衡，那么双腿就是完成跑步运动的动力核心。正确的腿部姿势能让跑步更加轻松、高效，预防运动伤害；若腿部姿势出现问题，跑步效率就会下降，甚至导致其他部位代偿过度，增加受伤风险。这是因为每一次的落地，身体都要承受数倍于自身体重的冲击力。如果膝关节或踝关节位置不当，就难以有效缓冲冲击力，造成关节软骨的磨损。

髋关节：稳定身体的“中枢”

跑步时骨盆不要过度前倾或后倾。过度前倾会增加腰椎压力，过度后倾则会限制腿部的摆动与发力。理想的状态是核心肌群稍微收紧，髋关节与躯干呈一条相对直线，这样既能稳定上半身，又能为腿部发力提供更好的支撑。

当跑速加快或者上坡时，一些跑者习惯性地左右晃动。这种晃动会让双腿无法在同一平面发力，容易导致膝关节或踝关节出现不对称的受力。

髋关节要有足够的活动范围，才能让腿部的前后摆动更加充分。同时，髋关节周围的肌肉（如臀大肌、臀中肌和髂腰肌等）若保持良好的弹性与力量，能提高发力效率，预防髋关节的紧张与劳损。

膝关节：避免错误受力的关键

一些人在跑步时，会不自觉地“锁死”膝关节，让腿部几乎保持僵直的状态。这样做不仅无法有效缓冲冲击力，还会将更多的压力传递给踝关节和腰椎。正确的做法是膝关节在落地与离地的过程中自然微屈，以减少冲击力。

膝关节应大致面向脚尖的方向，避免出现过度的内扣（X 形腿倾向）或外翻（O 形腿倾向）。如果跑者本身存在 X 形腿或 O 形腿的问题，可以在慢跑或力量训练中更关注膝盖，必要时调整脚尖。

脚踝：连接地面与身体的“链条”

在跑步过程中，脚踝要随着步伐节奏进行灵活的跖屈（脚尖向下）和背屈（脚尖向上），以完成落地动作。如果脚踝过度僵硬，就会降低缓冲功能，让其他关节承受更多冲击。

脚踝是较容易受伤的部位，尤其在不平路面或变速、变向时。如果踝关节稳定性不足，很容易导致崴脚或跟腱受伤。适度的踝关节强化训练，如单脚平衡、提踵练习、弹力带训练等，都能提高其在跑步时的安全系数。

不同人在脚踝和足部结构上存在差异，如高足弓、扁平足等。结合专业评估，选择适合自己足形的跑鞋，既能为脚踝提供合理支撑，也能提升跑步的舒适度。

从髋关节到膝关节再到脚踝，共同构成了一套协同发力的“动力链”。只有当这一“动力链”的每个环节都能高效运转时，我们才能获得更有节奏感的跑步体验。

05 落脚姿势

落脚姿势直接影响跑步的安全性，正确的落脚姿势能减少落地时重力对关节的冲击，提升跑步的舒适感。不当的落脚姿势，则可能引发膝盖、踝关节等部位的慢性损伤。

跑步时的落脚方式主要分为三种：后脚跟着地、中足着地和前脚掌着地。不同的落脚方式适合不同的跑步速度和地形，跑者需要根据实际情况选择适合自己的方式。

三种常见的落脚姿势

1. 后脚跟着地

许多跑步初学者的自然落脚方式是后脚跟着地，即脚跟先接触地面，然后重心逐渐过渡到整个脚掌。这种方式更适合慢跑或长距离跑步，因为这样可以达到更好的缓冲效果，减轻对关节的冲击。

2. 中足着地

中足着地是目前被广泛认为相对科学的落脚方式之一。中足着地，即脚掌的中间部分先接触地面，随即重心分布在整个脚掌。这种方式能够有效缓冲地面冲击，同时保持较高的跑步效率。中足着地适用于大多数跑步场景，是许多中高级跑者的首选。

3. 前脚掌着地

前脚掌着地多出现在冲刺或短跑中。在这种方式下，脚尖的前部先接触地面，利用脚踝快速发力推进。这种落脚方式能提供较大的爆发力，适合需要高强度爆发力的场景。但由于前脚掌落地时小腿肌群（尤其是腓肠肌和跟腱）的承受压力较大，所以不适合长跑和耐力跑。

落脚姿势的技术要领

1. 脚掌与地面接触要轻

落脚时避免用力砸地，脚掌应尽量轻柔地接触地面，并快速离地，尽量减少地面对身体的反作用力。可以通过想象脚掌“轻轻擦过地面”来调整动作。

2. 步幅适中

落脚与步幅密切相关，步幅过大时，脚会落在身体重心前方，容易导致膝关节压力过大；步幅过小时，身体会比较拘谨，无法发挥全身协作的力量。那么，多大的步幅比较合适呢？大家可以参考这个公式：舒适步幅＝身高（cm）×0.45×（1～1.5）。每个人的步幅会有个体差异，大家要根据自身条件来定。

3. 保持脚尖与身体前进方向一致

跑步时，脚尖的方向应大致与身体的前进方向一致。如果脚尖过度外翻或内扣，会导致脚踝、膝关节甚至髋关节的非正常受力，增加受伤风险。

落脚姿势看似简单，却暗藏较多的知识点，跑者要通过科学练习和细心调整，找到最适合的落脚姿势，根据实际情况适时调整，从而为长久健康的跑步打下坚实基础。

06 X 形腿跑姿要点

X 形腿的形成可能与先天骨骼结构有关，也可能与后天不良姿势等因素有关。在跑步过程中，X 形腿往往更容易导致膝关节压力集中于膝盖外侧，足部可能出现过度内旋，进而增加受伤风险。那么，如何针对 X 形腿进行跑姿调整，让跑步既轻松又安全呢？下面，我们从肌肉与关节的角度来探讨 X 形腿跑者的跑姿要点。

X 形腿对跑姿的影响

1. 膝关节压力不平衡

X 形腿通常大腿内侧夹得较紧，膝关节却向内挤压，使得外侧膝关节的软骨和韧带承受更多的压力。对于跑者来说，这种压力分布极易导致膝关节外侧疼痛或髂胫束综合征等问题。

2. 足部过度内旋

由于下肢力线改变，X 形腿跑者常常伴随足部过度内旋，也就是所谓的“足外翻”，脚掌内侧会承受更多冲击。长此以往，小腿肌群、足踝肌群的疲劳度会加大。

3. 跑姿不稳

X 形腿跑者在跑步时，骨盆及臀部稳定性较差，容易出现骨盆倾斜或身体重心偏移的情况。

X 形腿跑姿调整

1. 保持膝盖与脚尖方向一致

在每一次落地和迈步时，尽量让膝盖与脚尖方向保持一致，可以在慢跑或热身时注意感知这一点，避免膝盖过度内扣。

2. 髋关节与面朝方向一致

当我们抬腿或落地时，注意让髋关节、膝盖、脚踝形成一条比较直的垂线。可以想象自己身体的核心在向上提拉，从腰部、臀部到膝盖都处在一条线上。

3. 适度减小步幅

X 形腿跑者不要强求大步幅，尤其在速度训练中，过大的步幅会放大膝盖内扣的问题。相对而言，保持较快的步频、较小的步幅，可以更好地控制身体重心，让膝盖落点更安全。

针对 X 形腿的强化训练

1. 臀大肌、髂腰肌激活训练

跑步前，X 形腿跑者可以进行针对臀大肌、髂腰肌的激活练习，如进行臀桥、箭步蹲、单腿硬拉等动作。在做这些动作时要保持脊柱中立，感受臀部发力而不是腰部代偿。

2. 大腿肌群平衡训练

通过分腿蹲（弓箭步）、坐姿腿屈伸或罗马椅挺身等方式均衡地强化大腿前侧和后侧肌群，保持力量的协调。

3. 小腿肌群的拉伸与稳定性锻炼

小腿后侧过于紧张会加剧膝关节的内扣趋势，可以通过小腿拉伸（压墙拉伸、下犬式等）来减缓紧张度，也可以借助单腿踮脚、平衡垫站立等方式，训练脚踝与小腿的控制能力。

4. 步态分析

对于严重的 X 形腿或有反复膝痛的跑者，可以考虑做一次专业的步态分析，通过视频拍摄或跑步机测评，了解自己的步态缺陷，以便在训练中进行有针对性的矫正。

07 O 形腿跑姿要点

O 形腿通常表现为两膝分离、双腿呈现“O”形的走路或运动姿态。O 形腿跑者在跑步中最明显的问题是小腿外翻倾向明显。跑者如果没有及时关注这一问题，往往会产生足踝不稳、膝盖易受伤等隐患。

O 形腿对跑姿的影响

1. 膝关节内侧压力集中

O 形腿常常意味着在膝关节落地和伸展时，内侧软骨和韧带需要承受更多的冲击力。可能导致内侧副韧带、半月板等区域更容易受伤或产生疼痛。

2. 小腿外翻与足踝不稳

O 形腿常伴随小腿外翻的情况。当外翻过度时，足部的外侧支撑就会相对不足，容易出现踝关节不稳或崴脚的问题。尤其在下坡跑或高强度的冲刺中，这种不稳会更明显。

3. 步态摆动幅度增大

由于双腿弧度较大，跑者往往需要更大幅度地摆动身体才能向前推进，导致跑姿看上去“左右摇摆”。

O 形腿跑姿调整

1. 膝盖稍向内收，脚尖方向保持中立

在跑步时刻意让膝盖稍微朝内回收，脚尖方向保持中立，避免过度打开双腿，以使膝关节内侧在支撑时得到足够的稳固。

2. 关注髋关节的正中对线

髋关节处于身体正中下方，每当迈出一步时，要避免髋关节往外侧“甩出”。这能帮助减少骨盆的左右摆动，使步态更稳定。

3. 适度加快步频

O 形腿跑者可通过“小步幅、快步频”的方式减轻跑步对关节的过度冲击。大步幅虽然可以增大跑步的前推力，但也更容易加重膝内侧的磨损。

4. 肩背平稳、核心先行

保持上肢相对放松与自然的摆动，让核心肌群（腹肌、背肌）在跑动中维持躯干稳定。只有在上半身不晃的情况下，下肢才不必过度代偿。

针对 O 形腿的强化训练

1. 针对臀中肌、臀小肌的侧向稳定训练

通过进行侧卧抬腿、弹力带侧向行走、站立髋外展等动作，着重激活臀部外侧肌群，让骨盆在跑步过程中保持更高的稳定性。

2. 股内侧肌强化练习

半蹲时膝盖对准脚尖，慢慢起蹲以激活股内侧肌；也可以进行坐姿或站姿的腿内收训练，来增强膝盖内侧的力量支撑。

3. 小腿后侧与外侧的松解与拉伸

对于小腿外翻严重的情况，可以使用泡沫轴或按摩棒沿着腓骨长肌、比目鱼肌外侧头等处轻柔滚动，辅助放松紧张的肌肉，之后进行拉伸动作，来缓解局部紧绷的情况。

08 扁平足跑姿要点

扁平足的足弓较平，因此，关于“扁平足不适合跑步”的言论甚嚣尘上。那么，扁平足的人真的不适合跑步吗？还是说，只要进行适当的调整就能加入“跑步大军”呢？首先，我们要明确的一点是，一般程度的扁平足不会对人的正常生活产生明显的影响。在运动过程中，扁平足确实会有较高的受伤风险，然而，这并不意味着扁平足的人就要完全告别跑步。

如果扁平足的程度比较轻，仅仅是韧带力量不足，能够通过有针对性的训练以及正确的跑姿训练，恢复足弓功能，成为一名合格的跑者。扁平足跑者要注意这样几个方面：姿势转变、循序渐进、足弓训练、跑鞋选择。

姿势转变

扁平足跑者要转变自己的跑步姿势，以减轻足弓额外受到的负荷。扁平足跑者可以利用重力使脚自然落地，前脚掌先着地，脚跟随之轻触地，各部位各司其职。

循序渐进

扁平足跑者在跑步时有着更高的受伤风险，所以绝对不能“一口吃个胖子”，运动强度和运动时间必须严格把控，避免超负荷训练。时间尽量短一些，不要刻意追求所谓的数据，如时间、配速、里程等，而应该循序渐进，避免造成损伤。

足弓训练

扁平足跑者应多进行足弓训练。虽说足形难改变了，但是足弓的功能可以通过训练逐渐得到强化，以避免错误的姿态越来越严重。例如，通过翘脚趾练习、跳绳练习、提踵练习、赤脚练习等，扁平足跑者能够有效增强自己的运动能力和抗损伤能力。

跑鞋选择

扁平足跑者在穿鞋方面要格外注意，因为扁平足本身相对缺乏足弓支撑，所以那些不舒适的鞋子以及对足弓有压力的鞋子都不适合穿。比如，扁平足跑者要尽量少穿高跟鞋，这类鞋子会加重脚底的压力，增加不适感。又如，扁平足跑者要尽量少穿鞋底过软的鞋子，这类鞋子的鞋底无支撑，会加重扁平足的情况。

09 大体重人群的跑步注意事项

为了实现减肥塑形的目标，大体重人群开始加入跑步的队伍，并影响身边更多的人参与其中。那么，大体重人群适合跑步吗？大体重人群在跑步过程中有没有需要格外注意的地方呢？

我们要先了解什么是大体重，大体重是如何来定义的。身体质量指数（Body Mass Index，BMI）是国际上常用的衡量人体胖瘦程度以及是否健康的一个标准，其计算公式为 BMI＝体重（kg）÷ 身高^2（m^2）。BMI 大于 25 的就算是大体重人群（常年健身低体脂、高肌肉含量的人群除外）。

BMI 范围	类别
低于 18.5	体重偏轻
18.5 ～ 24.9	标准
25.0 ～ 29.9	超重
30.0 ～ 34.9	中度肥胖
35.0 ～ 39.9	严重肥胖
40.0 以上	极端肥胖

另外，体脂率也是衡量人是否超重的一个标准。如果男性体脂率高于 25%，女性体脂率高于 35%，一般被定义为肥胖。这些人在跑步时有更多需要注意的地方，因为大体重入门跑者所承受的负荷和落地冲击力更大，这些额外的损伤会传递给膝关节和踝关节等部位，而这些部位恰巧又比较脆弱，加之缺乏运动的大体重跑者协调性不够好，就非常容易受伤。因此，大体重人群在跑步初期一定不能和标准体重的人群采用同样的方式，一定要“因己制宜”，学会更“聪明”的跑法。

配速“宁低勿高”

一些人的大体重是由不良生活习惯造成的，如食量大、喜欢高热量食物、缺乏运动等。此类人群的初期运动能力普遍不高，所以跑步的配速一定不能高，甚至如果觉得慢跑都比较困难，可以直接从走路开始，逐渐过渡到“跑走结合”，再过渡到慢跑。这种循序渐进、“宁低勿高”的跑步模式，能够在最大限度上保证大体重跑者的安全性，避免意外的发生。这里还需要注意一点，如果跑者体重超标严重，就需要找专业人士做好评估，看看是不是要先把体重控制在安全区间再开始跑步。

高步频

大体重跑者千万不能盲目学习资深跑者的跑步模式，那种低步频、大跨步的跑步姿势适合冲刺、加速，是进阶跑者在最后冲刺阶段常使用的技巧，他们普遍柔韧性较好，耐力较佳。大体重跑者显然不适合这种跑步模式，而是应该把步频调高，这不仅对核心力量要求较低，还能降低受伤风险。

低抬腿

在跑步初期，大体重跑者可以尝试低抬腿的跑法。这是因为体重过重的人的柔韧性、灵活性普遍有待加强，抬腿过高可能存在韧带拉伤的风险，而且，低抬腿有助于降低能耗，让大体重跑者在有限的时间和精力下，让身体做更多的功。

避免身体晃动

对于大体重跑者而言，身体细微晃动所产生的“连锁效应”将被放大。例如，相对于标准体重的跑者来说，大体重跑者身体过于前倾可能会对膝盖施加几倍于标准体重跑者的压力，而膝盖关节不会因为体重的增加而变得强大，所以为了保护膝关节，大体重跑者一定要注意避免身体剧烈晃动，尽量保持躯干的中立位和平衡。

第三节 跑姿技巧：按需切换跑步姿势

01 慢跑姿势

慢跑是跑步中的常见运动形式之一，虽然操作简单，适合多数跑者，但是姿势不对也容易给身体造成负担。接下来，让我们详细了解慢跑时身体各个部位的具体姿势，从而更好地实现安全跑、健康跑。

头部姿势

科学合理的慢跑要“从头做起”，因此头部姿势非常重要。头部要摆正，目光平视前方。这样，跑者的颈部和背部不会受到额外压力，也不会有明显的拉伸感，下巴和脖子都能得到放松。如果头部位置不正，与之相关的部位极易产生疲劳感，含胸、低头会让跑者不知不觉胸廓内收，双肩向内扣，影响美观的同时，更会让跑者变得吃力。

肩膀姿势

肩膀自然放松下沉，保证双肩处于方正水平。在跑步的过程中，双肩可以有轻微幅度的摆动，但是千万不要过度，不要左右乱晃和耸肩，否则肩颈部肌肉非常容易持续紧张，导致持续疲劳，增加体能消耗。

躯干姿势

慢跑时，躯干应保持比较合适的角度，跑者可以根据自身情况去感受和寻找适合自己的角度。一般来说，多数人的舒适角度是接近正直而略微前倾的状态。微微前倾有助于跑步发力，也有助于稳定身体的重心。千万不要前倾过大或后仰，否则腰部会持续紧张受力或找不到跑步节奏，影响发挥。

手臂姿势

慢跑时，正确的摆臂姿势能够起到平衡身体、推进跑步等作用。一方面，正确的摆臂姿势能够减小躯干晃动和扭转的幅度；另一方面，手臂前后摆动的节奏能够为跑者提供一定的驱动力，简单来说就是跑得更省力了。大臂和小臂大约呈 90 度角，摆动幅度不要太大，向前摆动时，拳头高度大约和胸骨齐平；向后摆动时，大臂在身后和躯干大约呈 45 度角。双手握空拳，不要攥得太紧，手指轻轻触及掌心即可，否则会导致手部过度紧张，影响发挥。

臀部姿势

跑步时，臀部姿势正确与否在很大程度上取决于头、颈和躯干的姿势，这些部位做得好，臀部也就随之呈现正确的姿势。臀部的重点在于骨盆姿势，避免骨盆前倾或后倾，而是和躯干始终保持正直的状态。

腿部姿势

腿部的姿势是慢跑中的关键。慢跑需要耐力，因为是全身力量持续发力，所以双腿步幅不能太大，适当缩小步伐能够使跑步更加高效。膝盖保持微屈的状态，有利于吸收和减缓冲击力。落脚时尽量确保脚步在身体的正下方，避免落脚过于靠前或过于靠后的情况。

02 加速跑姿势

相比于慢跑，加速跑更加侧重肌肉的爆发力和灵活性。加速跑的运动强度更大，需要全身各部位关节和肌肉的协调配合，同时，加速跑的受伤风险也更大，建议在慢跑一段时间后、全身微热时再开始，这样能够有效降低运动损伤风险。

头部姿势

加速跑时的头部姿势和慢跑时基本相似，需要确保头部正直，目视前方，避免仰头或低头。

躯干姿势

躯干姿势是加速跑的关键。由于加速跑会出现突然的变速，躯干要做到“积极响应”，所以躯干要保持核心收紧，身体微微前倾，重心略微向前。

手臂姿势

手臂弯曲约 90 度，以肩

关节为轴前后摆动。前摆时手不超过身体中线，高度大约到下巴位置；后摆时，手臂伸直，肘关节稍向外。手臂摆动的速度要与腿部动作协调一致，加快摆动速度可以提高跑步速度。

腿部姿势

加速跑和慢跑最大的差别就在于腿部姿势。加速跑的腿部姿势通常包括抬腿、下压和后蹬，流程比较复杂，需要跑者多加练习，才能达到比较科学、流畅的效果。

抬腿：大腿要积极向上抬起，抬至大约与地面平行的角度即可，不要太高也不要太低，这样能够帮助跑者适当增加步幅。小腿要在大腿的带动下自然跟随，适当放松，无须刻意紧绷，这样能有效避免肌肉过度紧张所产生的疲劳感。

下压：当脚部和地面接触，会产生一股下压的力，把身体的重心传递至后腿，后腿快速做出下压的动作，准备进行后蹬发力。

后蹬：后蹬的力量要大，角度要合适，以充分发挥腿部的力量。

03 冲刺跑姿势

冲刺跑常见于跑步的最后阶段，是一种高强度、间歇性跑步方式，要求跑者在较短时间内完成全力加速。如果说常规的慢跑训练对身体协调性和耐力有重要作用，那么短距离的冲刺跑就是增强爆发力的重要手段。

头部姿势

冲刺跑时，跑者要目视前方，头部要适当前倾，这样有助于身体向前发力。头部前倾的角度大致和身体前倾的角度保持一致；颈部保持收紧的状态，避免向上抬头和向后顶下巴的情况。

手臂姿势

冲刺跑时手臂的摆动幅度一定要大，以为身体提供向前冲刺的推动力，每一次手臂摆动，都要想象在用船桨向前滑行，尤其是手臂从前往后挥动时要更加用力。

腿部姿势

腿部要抬高接近腰部，便于增大步幅，加快跑步速度。落地时可以选择脚尖着地，脚部绷紧，快速转换重心，加快换腿速度。随后脚底用力向后蹬，利用身体惯性和后蹬力量，为身体提供较强的前推力，从而达到比较好的冲刺效果。

04 上坡跑姿势

面对起伏的路面，跑者除了要产生向前的推力，还要对抗上坡过程中的重力，所以上坡跑对于跑者的耐力和大腿肌肉群是一项很大的考验。

头部姿势

上坡跑时，头部在保持直立的同时，可以适当前倾，这样既方便跑者看路，又能在一定程度上节省跑者的力气，但是前倾幅度不能过大，否则可能会影响身体的平衡性，甚至造成呼吸不畅。颈部要适当放松，不可过度紧张，这样能保证跑步过程的颈部舒适度，比较合理的角度是略微向下 15 度内。

躯干姿势

上坡跑时，躯干要保持适度的前倾姿态，这样能够适当降低身体的重心，有利于跑者借助惯性提高跑步效率，而且重心适当前移能够让跑者的身体更加稳定。需要注意的是，要始终保持上身挺直状态，避免驼背或弯腰。

手臂姿势

肩部保持松弛状态，大臂和小臂保持约 90 度角（也可略小于 90 度），随着双腿向前迈出的频率，双臂快速向前摆出。

腿部姿势

上坡跑时，步幅要控制在适当的范围内，步频可适当加快。落脚时可以用前脚掌着地而不是后脚跟。日常进行上坡跑训练时，以目测10～30度的缓坡为宜。

> **Tips：**上坡跑耗能高，对心肺功能是一项考验，因此，跑者在上坡跑时要控制好速度，根据自己的心率调整节奏。

05 下坡跑姿势

如果有人问，上坡跑和下坡跑哪一个更难，那答案一定是下坡跑更难。下坡跑最难的地方不是对力量和耐力的考验，而是如何控制跑步姿势，同时避免关节受伤。所以，如果用两个字来总结下坡跑姿势的要点，那就是“控制”。这是因为下坡的每一步都像是在刹车，重力势能将会转化为较大的动能，腿部肌肉要充分拉扯，帮助跑者“拉住”身体。

头部姿势

下坡跑时，头部要正直，颈部放松，下巴内收，视线注视前方稍低的位置。如果注视正前方或斜上方，下巴容易抬高，会影响跑步时的稳定性，而且更易消耗体力。

躯干姿势

下坡跑时，如果身体过于放松，那么关节会处在“各自为战”的状态，很容易造成关节扭伤或肌肉拉伤。而且，如果控制不好躯干，还会越跑越快，一旦快到自己的步频跟不上的速度，很可能会跌倒，非常危险。所以，下坡跑时，要在保持上身直立的前提下，躯干略微后倾，仿佛身体后面有一只手在拽着自己，这样能更好地控制身体平衡和跑步速度。

手臂姿势

下坡跑时，通过更加有力地摆动手臂，可以帮助身体保持平衡。此外，跑者还需要控制手臂的摆动速度，不宜过快，以此来控制步频。大臂和小臂的夹角建议控制在 90 度左右。

腿部姿势

下坡跑时，前腿为支撑腿，要绷紧大腿肌肉，无论是股四头肌还是小腿肌肉群，都要时刻处在“备战状态”。后腿是跟随腿，跟随前腿迈出，适当控制节奏。落地时膝盖微微弯曲，能够适当减少对小腿和膝盖的冲击力。落脚时要尽量让脚掌和地面保持平行，这样既能分散冲击力，还能起到增加摩擦力、防止摔倒的作用。千万不要用脚尖或脚跟着地！

Tips： 适当提升跑步频率，减小步幅，脚离开地面的高度要控制好，不能太高。如果下坡的路程较长，可以尝试触地方式的切换。长期用前脚掌着地或长期用脚后跟着地，都可能在一定时间内增加脚踝或膝盖的压力。因此，每隔一段时间尝试更换一下着地部位，会更好地保护关节。

Part 4

体能训练：成为更好的跑者

训练方案，系统、方法、效率三合一

在跑步这条不断探索的道路上，科学高效的体能训练是“打开新世界大门”的关键。与其盲目地累积跑量，不如让训练更系统、更有方法、更有效率，让每一次汗水都能发挥其应有的价值。正如一支乐队需要精心配合才能奏出悦耳的旋律一样，体能训练也需要有条不紊地进行，才能让速度、耐力、力量各尽其用。

科学合理的训练方案能够为跑者指明努力的方向。借助合理的周期划分，跑者可以在不同阶段侧重不同的训练重点：前期打基础，中期提强度，后期调状态，形成一个循序渐进、层层递进的完整闭环。这一过程如同修建房屋，需要先打牢地基再平稳升高，最后进行细节修饰。只有制订好训练方案，跑者才能在日复一日的坚持中，始终保持前进的动力与目标。

不过，蓝图并不等于实际施工，只有正确的方法才能让训练方案落地生根。方法是拆解训练步骤的关键，涵盖热身、主训练、辅助练习、拉伸放松等方方面面。从掌握正确的跑姿到根据自身情况选择合适的速度与节奏，再到用交叉训练加强薄弱肌群，方法的精准度决定了训练效果能否最大化。倘若将系统训练比作烹饪一桌盛宴，那么各类训练手段便是各种烹饪技巧，只有掌握好火候、配比与调味，才能烹制出令人惊艳的佳肴。

在漫长的跑步之旅中，跑者要懂得用有限的时间创造出最大的价值。在日常生活中，工作、学习、社交等可能占据了大部分时间，如何让跑步训练事半功倍，提升效率成为关键。只要跑者合理安排训练强度与训练间隔，就能更精准地把控自己的身体状态，实现体能的螺旋式上升。

第一节 力量训练：减少身体能量的浪费

01 上肢力量训练

试想，当你奔跑在路上时，如果各部位的肌肉缺乏足够的力量，那么每跑一步都会非常困难，蹬地、摆臂……任何动作都离不开肌肉的支持。所以，跑者如能通过科学、系统的力量训练，便能更好地在跑步时维持姿态稳定，提高动作效率。

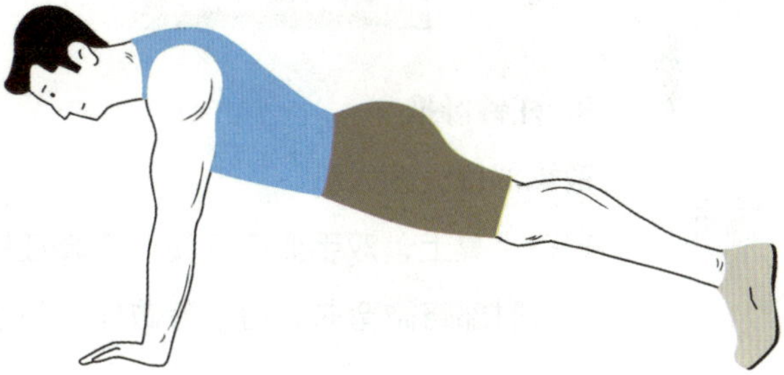

上肢肌肉群可以分为肩部肌群、胸部肌群、背部肌群和手臂肌群。其中，胸部肌群和背部肌群是大肌群，肩部肌群和手臂肌群是小肌群。接下来，让我们对上肢各肌群的力量训练方法进行明确的介绍。

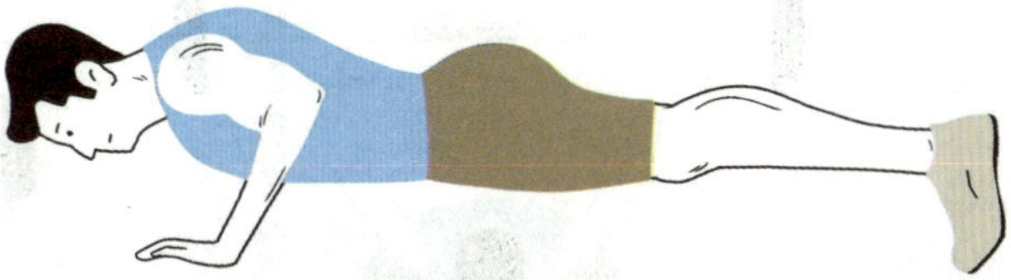

胸部肌群力量训练

1．俯卧撑

锻炼部位：胸大肌。

双手按在地上，两手距离与肩同宽，双腿并拢，脚趾着地支撑。双臂下屈，屈臂速度要缓慢，手肘适当内收。全身平直，不要撅屁股或塌腰，感受胸部肌肉的充分拉伸，依靠胸部力量将身体撑起。

2. 哑铃卧推

锻炼部位：胸大肌。

抓住哑铃，坐在平凳上，把哑铃放在大腿上。仰卧的时候，把哑铃放在胸部以上的位置，并保持双臂轻微弯曲。让肘部指向两侧，将哑铃上推，然后重复动作。动作过程中保持手臂稍微弯曲。

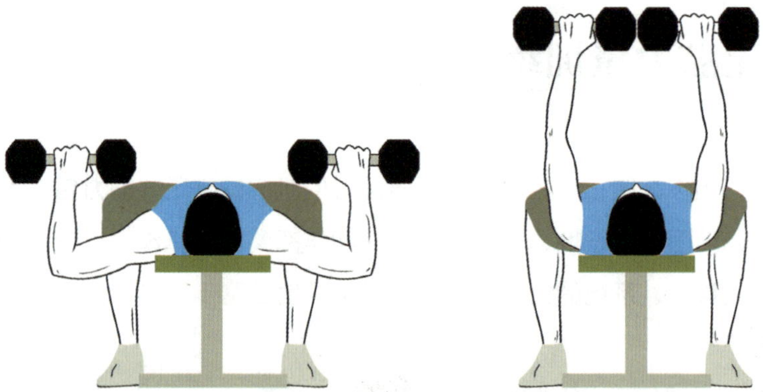

3. 杠铃卧推

锻炼部位：胸大肌。

躺在平凳上，双手抓牢杠铃，下降杠铃直到肘部达到肩膀的高度，然后返回，保持肘部略微弯曲。初学者做杠铃卧推时，需要有人看护，以防双手乏力导致砸伤。

背部肌群力量训练

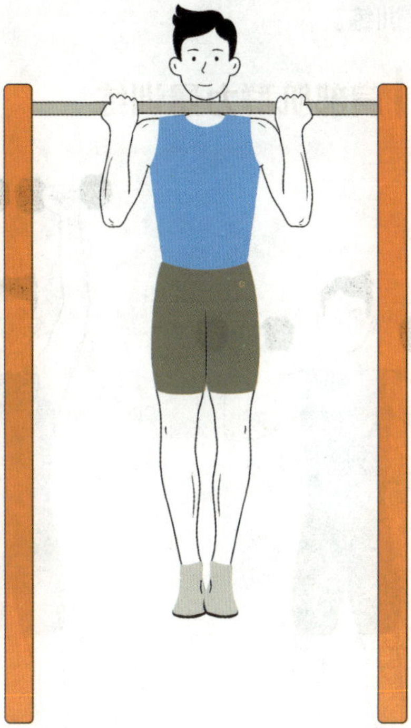

1. 引体向上

锻炼部位：大、小圆肌，背阔肌，斜方肌。

双手抓住单杠，握距与肩同宽（也可略窄或略宽），双脚离开地面，保持核心收紧，双腿垂直并拢。手臂和背部同时发力，将身体垂直向上拉起，至下巴与单杠大约处于同一水平线时，停顿 1 秒，然后缓慢下落至起始姿势。在引体向上的过程中，要避免身体乱晃以及下落速度过快，否则会导致背部肌群受力不充分，造成肌肉拉伤的风险。

2. 杠铃划船

锻炼部位：斜方肌、背阔肌。

宽距站姿，双手正握，握距比肩稍宽，双臂完全伸直；微微屈膝，从臀部屈背，保持身体与地面形成的 45 度角不变；持铃在身前，稍稍低于膝盖；收紧肩胛骨，绷紧整个上身，将杠铃提至上腹部，稍停顿，然后缓缓下放到起始位置。重复上述动作，直至完成一组

训练。

肩部肌群力量训练

1. 哑铃推举

锻炼部位： 三角肌前、中、后束。

双脚自然站立，双手抓住哑铃，身体站直，核心收紧，挺胸收腹；双手将哑铃提至与下巴平行的高度，手肘微内收，然后肩部发力，将哑铃向上推起至手臂接近伸直（不要完全“锁死”手肘）；缓慢屈肘，将哑铃下放至与下巴平行处。

2. 哑铃侧平举

锻炼部位： 三角肌中束。

双手抓住哑铃，身体直立，膝盖稍微弯曲，然后向两侧抬高双臂，直到上臂与地面平行。在整个锻炼过程中，保持肘部略微弯曲。

手臂肌群力量训练

1. 哑铃弯举

锻炼部位：肱二头肌。

双手抓住哑铃，身体直立，膝盖稍微弯曲。双臂自然下垂于身体两侧，弯曲手臂提高哑铃至肩部，感受到肱二头肌的充分收缩后停顿 1 秒，返回初始动作时，保持手臂略微弯曲。

2. 哑铃臂弯举（锤式）

锻炼部位：肱二头肌（外侧）。

双手像抓住锤子一样抓住哑铃，并放在身体两侧，掌心相向，膝盖稍微弯曲，然后弯曲手臂，提高哑铃至肩部。返回初始动作时，保持手臂略微弯曲。

3. 单侧俯身臂屈伸

锻炼部位： 肱三头肌。

俯身站立，膝盖稍微前倾，一只手抓住哑铃，肘部位置尽量固定。另一只手扶在腿部稳定身体，抓住哑铃的手臂向后屈伸，屈伸至顶点时停顿 1 秒，感受肱三头肌的收缩。

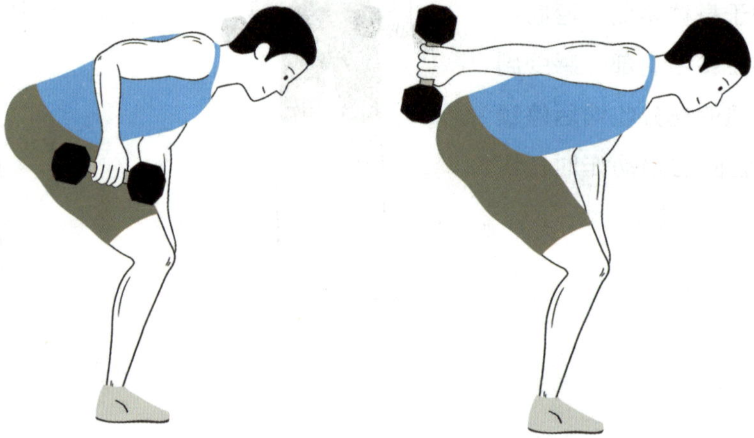

02 下肢力量训练

下肢肌肉主要包括大腿肌群、小腿肌群和臀部肌群。一般来说，人体七成左右的肌肉在下肢，所以，下肢力量训练是绝对不容忽视的。下肢强大的肌肉力量能够更好地支撑和保护关节，而且当跑者想要进行冲刺跑或变速跑时，强大的腿部力量会充当“先锋军”，贡献源源不断的动力。

大腿肌群力量训练

1. 自重深蹲

锻炼部位： 股四头肌。

自然站立，双脚与肩同宽，脚尖朝前或略微外展（角度在 30 度内）。然后，双臂平举，屈膝缓慢下蹲，核心收紧，想象身体在向后坐，蹲至大腿和地面近乎水平，停顿 1～2 秒，起身恢复直立姿势。

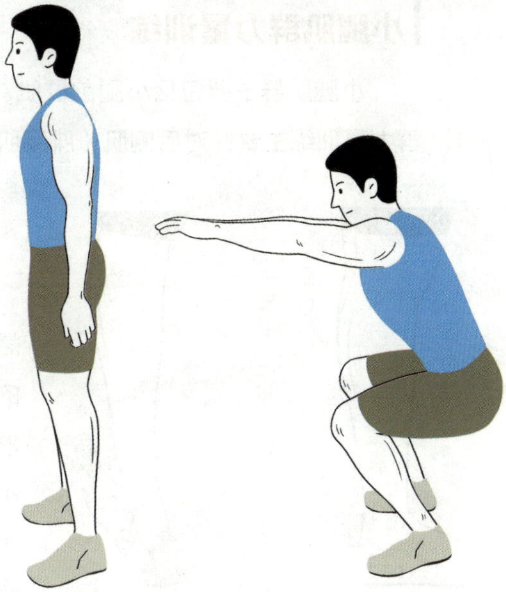

Tips：身体重心不要发生偏移，始终放在脚掌的正中心处。挺胸收腹，保持腰椎稳定在恰当的曲度，过度前倾或仰头都会给腰椎施压，因此，训练者需要避免这种情况的发生。始终保持膝盖和脚尖的朝向一致。

2. 杠铃深蹲

锻炼部位：股四头肌。

杠铃放在肩背，腰背挺直，膝盖稍微弯曲，下蹲至大腿与地面近乎平行，还原动作后膝盖稍微弯曲。

Tips：和自重深蹲基本相似，但要注意杠铃的位置，要用斜方肌去承受杠铃的压力，而不是让杠铃直接压在颈椎上。由于杠铃深蹲有较大的重量负荷，训练者要量力而行，循序渐进。建议初学者从杠铃空杆开始练习，稳定、连续地完成15次以上后，再适当增加重量。

小腿肌群力量训练

小腿肌群主要包括小腿前群肌、小腿外侧肌、小腿后群肌。常规的小腿肌群力量训练主要针对后侧肌（腓肠肌、比目鱼肌）。

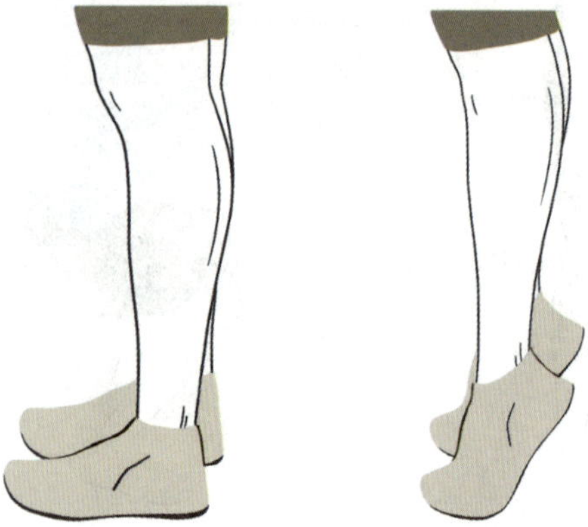

1. 站立提踵

锻炼部位： 腓肠肌。

站立在台阶上，前脚掌着地，脚中后部悬空，身体自然放松，可伸出双臂保持身体的平衡。缓慢降低后脚跟，感受小腿后侧肌群逐渐拉长，拉长至一定程度后踮脚，收缩小腿肌群。全程动作要缓慢，保证动作的连贯性，不要依靠惯性。站立提踵也有一些变式，如双脚微微外展、双脚微微内扣。

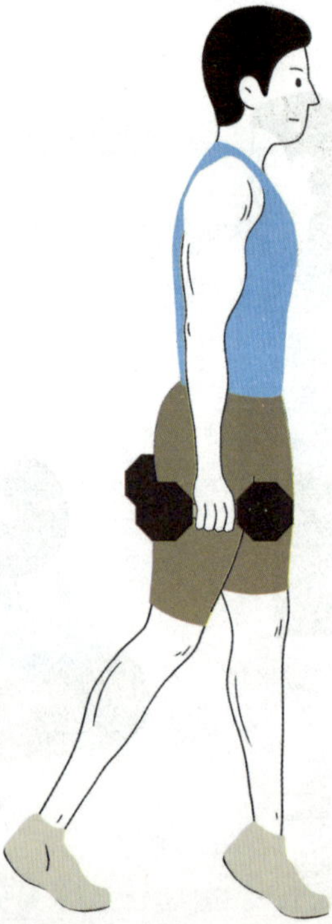

2. 踮脚农夫行走

锻炼部位： 腓肠肌。

踮脚农夫行走是结合小腿力量训练、核心稳定性与负重行走的复合动作。在传统农夫行走的基础上增加踮脚动作，能有效刺激小腿肌群。

选择合适的负重（哑铃、壶铃或其他手持负重器械），双脚与肩同宽或略窄站立，身体自然站直，肩背保持挺拔，核心收紧，目视前方。双手分别握住左右侧的负重，掌心相对。微收肩胛骨，让肩膀下沉，避免耸肩。保持躯干稳定，不前倾也不后仰。用力将脚后跟抬离地面，用脚尖支撑身体重量。注意脚踝的稳定性，避免内翻或外翻。维持踮脚姿势，缓慢向前行走。行走过程中保持躯干挺直，肩膀稳定，重心稳定在前脚掌。稳住核心，避免过度前后摇晃或塌腰。行走一段距离或完成设定步数后，可以原地放下负重或缓慢放下脚跟，恢复至正常站立姿势。

臀部肌群力量训练

臀部肌群主要包括臀大肌和臀中肌，多数臀部力量训练主要针对臀大肌。通过有效刺激，能够帮助臀大肌的力量获得持续、稳定的增长，这对避免跑步损伤以及增强跑步爆发力具有很好的作用。

臀桥

锻炼部位：臀大肌。

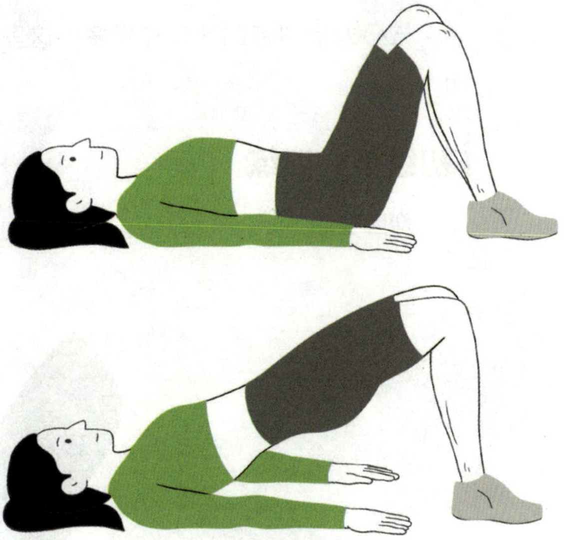

顾名思义，臀桥就是把自己的臀部拱成一个桥的形状。臀桥看上去简单，实际上动作的规范和要点值得每一位跑者去仔细研究与体会。

平躺在瑜伽垫上，双脚略微分开，脚跟着地，双臂张开在地面上撑住身体。收紧核心的同时把臀部夹紧抬起，让肩部、髋部和膝部处于同一条直线上，大腿和小腿呈大约 90 度角。动作至顶端停顿 1 ～ 2 秒，感受臀部肌肉的收紧，然后臀部缓慢下放，感受肌肉逐渐拉伸至贴近地面，重复动作。臀桥强化也可做静态保持训练，动作前半段和常规臀桥训练基本一致，至顶端时停顿若干秒，一般建议初学者从 30 秒开始，长期做臀桥静态保持能够增强臀肌的募集能力以及相关部位关节的稳定性。

03 核心力量训练

人们常说的“核心力量”到底是什么呢？其实，核心力量并不是单指某一块肌肉，而是人体在运动过程中用于稳定躯干的一块区域，大概就是膈肌和盆底肌之间的位置。核心力量虽然不直接发力，但是核心的稳定和控制功能，能够帮助人体协调四肢和控制力量。如果把人体全部的肌肉群比喻成一个庞大的战场，那么核心力量就是这个战场的“统战部”或“指挥室”。

核心力量训练的动作非常多，这里主要介绍几个功能全面且比较常见的动作。

初级核心训练

仰卧卷腹

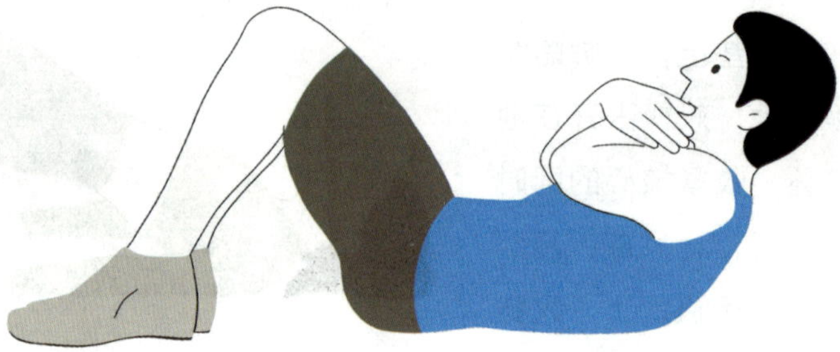

仰躺在瑜伽垫上，把双脚架在凳子上或和凳子差不多高度的台子上，双手交叉放在胸前（不要放在颈后），向前上方卷曲腹部，让自己的胸腔去“够”大腿，不过不要过于用力，要根据自身的胸椎活动度来调整动作，至最高点停顿 1 ～ 2 秒，感受腹部肌肉的收缩，然后边控制边下放，直到整个后背和肩膀再次和瑜伽垫接触，重复动作。动作全程保持相同的速度，不要猛起猛落，重点在于“控制”二字，这样才能让核心肌群持续保持张力。

进阶核心训练

空中蹬车

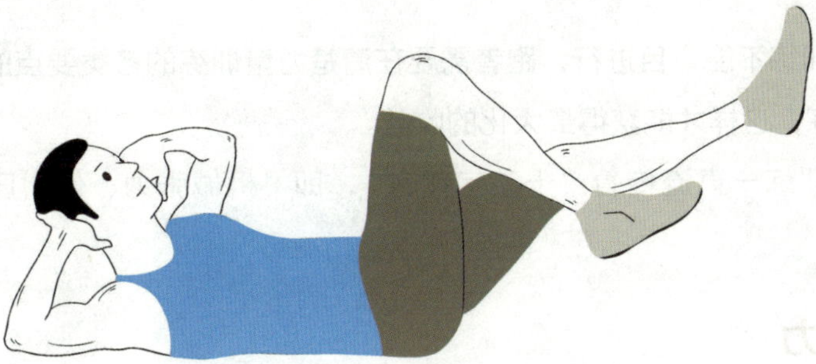

仰卧在瑜伽垫上，身体自然放松，调整呼吸。双手放在耳边，轻轻扶在太阳穴位置以保持稳定，上背部离开地面，用下背部和臀部与地面接触。双腿做悬空蹬自行车的动作，始终让上背部和双腿悬空，通过控制核心扭转身体，用左腿膝盖碰触右臂肘关节，右腿膝盖碰触左臂肘关节。一般完成 20 次左右，感受核心部位持续发力。

高等核心训练

仰卧屈膝提髋

仰躺在瑜伽垫上，双臂和手心紧贴地面，双腿并拢，膝盖微曲并向上抬起。运用核心力量使臀部向上抬起，下腹部充分收缩，在最高点停顿 1 ～ 2 秒，然后恢复至初始动作。一组动作重复 10 ～ 15 次，完成 3 组。

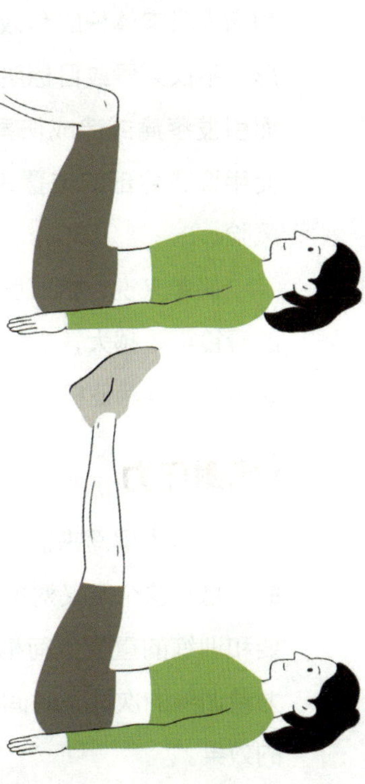

04 力量训练注意事项

力量训练不能盲目进行，跑者需要在清楚力量训练的各类要点的前提下进行科学训练，这样才能获得最大化的收益。

力量训练一直流传着“十二字真言”，即“机械张力、代谢压力、肌肉损伤”。

机械张力

机械张力，就是肌肉在承受外界压力导致其收缩时产生的张力。在力量训练尤其是肌肉增大训练中，保证一定程度的机械张力非常重要。

理论上，增加负重能够增加肌肉所承受的机械张力，促进肌肉增长。1 ～ 5RM（重复最大值）的训练通常被认为是增加机械张力、增强肌肉力量和增大肌肉体积的有效方法。需要注意的是，机械张力过大，容易导致动作变形，不仅会导致目标肌肉得不到应有的训练，还可能加重其他部位的负担，从而引发疼痛或造成伤害。例如，进行过重的卧推时，可能会不自觉地通过改变手臂或背部的位置来完成动作，这会减少胸肌的工作量，同时增加受伤的风险。

简单来说，机械张力就是训练时的重量负荷程度。从某种意义上讲，使用的哑铃重量越大，机械张力就越大。跑者在训练时要在安全范围内尽量使用较大重量，以保证机械张力。

代谢压力

从学术层面来讲，代谢压力指肌肉细胞在运动过程中进行无氧糖酵解产生的产物。这个定义对多数人来说有些晦涩难懂。简单来说，如果说机械张力主要和训练的重量负荷相关，那么代谢压力主要和训练的数量相关。也就是说，力量训练的次数、时间只有达到一定的量时，才能产生增强力量或增加肌肉量的效果。

肌肉损伤

这里所说的肌肉损伤并不是人们一般认为的损伤，更不是肌肉受伤，而是一种增肌所必需的要素。肌肉承受超出负荷的刺激后，就会产生细微的“良性损伤”，在适度的情况下，这是肌肉增长的开始，也就是人们说的“练到位了”。要想达到力量训练的成效，就要让肌肉承受更大的训练强度，同时保障充足的营养和规律的休息，这样身体会有足够的能量修复受损的肌肉纤维。在一定训练强度下，肌肉会遭到破坏或受到损伤，在充足营养物质的加持下进行超量恢复，肌肉就能够获得比以往更高的质量。

第二节 耐力训练：减轻身体疲劳感

01 匀速跑耐力训练

匀速跑是比较常规的跑步耐力训练方式。匀速跑在锻炼心肺功能的同时，还能保证跑者尽可能跑得远。

在多种耐力训练方式中，匀速跑是比较基础、常规的一种方式。匀速跑的关键在于“慢”和“稳”，这种跑法比较适合新手，能够帮助跑步新手尽快找到适合自己的跑步频率和节奏。

匀速跑本身并不难，关键在于找到适合自己的配速。配速既不能太快，不能让自己感觉上气不接下气，也不能太慢，不能还不如走的效果好。

在开始匀速跑之前，一定要做好充分的热身，为接下来的耐力训练打下基础。尤其是对于跑步新手而言，刚开始时心率和呼吸都比较敏感，身体各项机能需要在相对温和的节奏中被“唤醒”，所以在匀速跑的初期，速度应当放缓，保持稳定呼吸，让身体逐渐适应跑步节奏。

选择合适的配速可以结合心率和主观感受：一方面，通过穿戴设备将心率维持在最大心率的 60% ～ 70%；另一方面，若能在跑步时轻松开口说话而不觉得喘，就意味着当前的配速较为适中。这样既不会因为速度过快而导致体能消耗过度，也能避免“走着都觉得喘”那样过慢的尴尬。

在具体的训练中，可以采用定时间或定距离的方式。比如，每次坚持

15～30分钟不间断的稳定跑，或者设置3～5公里的目标，尽量在跑步的全过程保持相同的速度。

02 长距离跑耐力训练

长距离跑能帮助跑者克服心理上的“里程恐惧”，为完成更高强度的训练或比赛奠定扎实的基础。

开始长距离跑之前，务必进行5～10分钟的热身，如可以进行开合跳、弓步、摆臂等动作，激活肌肉、韧带和关节，尤其是膝关节、小腿肌群要充分活动，预防运动损伤。根据个人脚形选择合适的跑鞋，避免因鞋不合脚而引发足部不适或伤病。

初阶跑者可以先从每次10～12公里的长距离跑开始，逐步增加到15～18公里甚至更长。不要过快增加跑量或强度，一般以每周或每两周总里程增加不超过10%为宜。如果直接跑完目标里程有些吃力，可以将跑步过程划分为若干阶段，并在每个阶段之间设置短暂的慢走，但不要完全停止运动。这样既能适度减轻疲劳感，还能维持运动的持续性。

不同于速度训练，长距离跑的关键指标在于保持“慢”和“稳”。长距离跑时的心率建议控制在最大心率的60%～70%。判断方式和匀速跑的一样。在更熟悉身体状态后，可以采取分段递增的方式，前半程保持较为轻松的配速，后半程适度加速，或是从头至尾尝试稳定、均匀的配速，让身体在整段里程中积累耐力。

在长达1小时的跑步中，身体会明显消耗糖原和水分，建议每30～40分钟进行一次补水或摄取电解质饮料，以维持体液平衡。若跑步时间超过90分钟，还需要摄取适量能量棒，以防止血糖水平骤降。结束长距离跑后，不要立刻停下脚步，应先轻松慢跑或快走5～10分钟，配合深呼吸，让心率和呼吸逐渐平稳。随后可进行静态拉伸，重点放松小腿、股四头肌和臀部。

总的来说，长距离跑耐力训练的核心在于循序渐进、量力而行。当跑者一步步突破自己的里程极限后，会收获更强大的心肺功能，也会在不断坚持中体会到身体与心理的同步成长，为进一步挑战更高水平的跑步目标打下基础。

03 轻松跑耐力训练

轻松跑，简单来说就是让自己感觉到轻松的跑步活动。相较于具有挑战性的长距离跑或冲刺跑来说，轻松跑能够帮助跑者更好地放松身心，并且有利于消除此前高强度运动造成的乳酸堆积。

有些跑者可能对轻松跑持有偏见，认为轻松跑就是用来填补空闲时间的“垃圾跑量”；也有些跑者认为轻松跑就是既能够保持跑步状态，又能够正常说话的跑步状态。但事实上，这些说法都不太确切。真正的轻松跑要比人们想象中的轻松跑的强度再高一点，需要跑者感受到微喘又不至于让心率提得太高。轻松跑的“轻松”并不是一味地追求慢，而是要具有适当的强度。科学表明，轻松跑的强度相当于最大心率的 65% ～ 78%。只有兼顾心率和配速，才是真正的轻松跑，才能起到轻松跑应有的作用。

轻松跑的时间建议控制在 30 ～ 150 分钟，跑者可以根据自己的实际情况进行定夺。如果感觉自己设定的轻松跑时间使自己感觉到劳累，则可以适当缩短时间。

轻松跑的配速因人而异。对于高阶跑者来说，可能配速在 4 分半左右就是轻松跑了；对于跑步初学者来说，可能 7 分钟的配速才算得上轻松，甚至耗时更久，所以跑者需要结合自己的疲劳感和心率及时调整配速（大多跑步爱好者的轻松跑配速在 6 ～ 7 分钟）。

轻松跑的距离同样没有统一的标准，对于资深的长跑爱好者来说，可能 15 公里才能算得上是轻松跑。以每次跑 5 公里的跑者为例，对于他们来说，轻松跑的距离在 3 公里左右。初级跑者建议跑 2 天休息 1 天或者跑 3 天休息 1 天，不要天天跑，也不要一天跑 2 次。

04 耐力训练注意事项

跑步的耐力在很大程度上决定了跑者能跑多远，同时影响整体训练质量。

设置合理目标

一些跑者希望在短时间内大幅提升耐力，因此忽视了循序渐进的原则。要想让身体适应更长的跑步时间或更短的配速，重要的是制定切合实际的目标。例如，可以先设定每周的总跑量、配速范围，或是一定周期内参加一次 5 公里或 10 公里的比赛，再逐渐向半程乃至全程马拉松进阶。有计划、有节奏地训练，能有效避免盲目冲刺造成的疲劳过度或伤病，从而更稳定地提升耐力。

重视热身与拉伸

正式开跑前，要进行动态拉伸或慢跑，激活相关肌群和关节，以预防跑步中的肌肉拉伤、关节扭伤等风险。跑步结束后，建议做静态拉伸，如拉伸小腿、股四头肌等主要发力部位，帮助肌肉恢复弹性，减少乳酸堆积。

选择合适的配速

在耐力训练中，速度并不是越快越好，里程数也不是越多越好，关键在于找到适合自己的强度。很多跑者在开始训练时容易心急，一味追求高配速或高跑量，最终导致体能跟不上、肌肉疲劳或关节不适。建议跑者根据自己的心率范围来调整配速，并逐步延长跑步时间或提升配速。这样既能保证训练的稳定性，也能让身体得到充分适应，从而在后期迎来更明显的提升。

第三节　速度训练：让身体变轻快

01 间歇跑速度训练

间歇跑是一种进阶跑步方式。当跑者有了一定的跑步“功底”且希望在这一领域获得更大提升时，不妨尝试用间歇跑帮助自己突破训练瓶颈。

简单来说，间歇跑就是跑一段、休息一段、再跑一段，但这里面是大有讲究的。跑者在间歇跑时要尽自己所能跑出最佳成绩，让摄氧系统快速飙升到接近最大摄氧量，然后在短暂的休息后继续重复之前的训练，循环往复。

接下来，我们以 3 公里跑步训练为例，来了解间歇跑速度训练到底是怎么一回事。假设某跑者 A 日常跑 3 公里需要 8 分钟，他要想突破他的 3 公里用时，就可以使用间歇跑速度训练，如表 4-1 所示。

表 4-1　间歇跑速度训练

周数	周一	周三	周五
第 1 周	5 分钟轻松跑热身 +4 次 400 米冲刺（每组间休息 1 分钟）+5 分钟轻松跑冷却	5 分钟轻松跑热身 +6 次 200 米快速跑（每组间休息 30 秒）+5 分钟轻松跑冷却	5 分钟轻松跑热身 +8 次 100 米全力冲刺（每组间休息 20 秒）+5 分钟轻松跑冷却

续 表

周数	周一	周三	周五
第 2 周	5 分钟轻松跑热身 +3 次 800 米中速跑（配速比平时快一些，每组间休息 2 分钟）+5 分钟轻松跑冷却	重复第一周的周三训练	5 分钟轻松跑热身 + 一次完整的 3 公里跑（略高于平时的速度）+5 分钟轻松跑冷却
第 3 周	5 分钟轻松跑热身 +4 次 400 米冲刺（配速更快一些，每组间休息 1 分半钟）+5 分钟轻松跑冷却	5 分钟轻松跑热身 +6 次 200 米加速跑（配速更快一些，每组间隔 30 秒）+5 分钟轻松跑冷却	5 分钟轻松跑热身 + 一次完整的 3 公里跑（接近或达到个人最佳成绩）+5 分钟轻松跑冷却
第 4 周	每天选择不同的距离（如600米、300米、150 米）进行短距离冲刺练习，每次练习包括若干组数，并根据身体状况调整休息时间和组数	每天选择不同的距离（如600米、300米、150 米）进行短距离冲刺练习，每次练习包括若干组数，并根据身体状况调整休息时间和组数	全面的身体拉伸放松活动，为比赛做好准备

02 变速跑速度训练

变速跑，是一种奔跑速度处于快慢不断调节过程的跑步方式，是一种比较全面的跑步训练方式。变速跑结合了慢跑和快跑，是无氧运动和有氧运动的充分结合。

变速跑并不是人们想当然的跑累了就停一停，不累了就接着跑，而是跑者在既定的计划和要求下进行的训练。通过科学合理的变速跑训练，跑者的肌肉力量、肌肉耐力、心肺功能都能得到锻炼。

常见的变速跑速度训练有定时变速跑、定距变速跑、上下坡变速跑、极限变速跑和原地变速跑等。在训练时，跑者可根据自己的情况和需求进行灵活调整。

定时变速跑

提前设定好准备跑的里程和路线，跑步时进行变速交替跑，如快跑 20 秒和慢跑 40 秒交替进行。

定距变速跑

在具有明确标记米数的跑道上，跑者可以根据距离划分慢跑和快跑，如慢跑 200 米、快跑 200 米……

上下坡变速跑

路况比较复杂的环境，如上下坡越野路段，适合进行上下坡变速跑训练。上坡跑时阻力变大，可采用慢跑的方式，感觉大腿肌群发力，实现肌肉抗阻训练；下坡跑时阻力变小，可以适当加快速度。当然，如果希望进一步增加对腿部肌肉的刺激，也可以选择上坡快跑等方式。

极限变速跑

极限变速跑就是调动全身肌肉以近乎自己奔跑极限的速度快速跑，在若干时间后，逐渐减速恢复至慢跑。极限变速跑具有一定的风险，开跑之前要大致了解自己的心率极限，防止出现意外。

原地变速跑

跑者做高抬腿或半高抬腿的原地跑动，两臂自然前后摆动，上体要保持正直（不要前倾，更不能后仰），呼吸要有节奏，身体有规律地进行快慢交替的原地变速训练。

03 神经反应速度训练

在日常生活中，我们有时会听到这样的评价——他反应好快呀！这里的“反应”除了可以表示某个人的脑子转得快，还可以代表身体所具备的超快神经反应能力。跑步作为一项全身性运动，当然并不局限于肌肉和骨骼的锻炼，优秀的跑者也要对神经反应速度进行有针对性的训练。在跑步比赛中，反应速度越快，越能迅速接收起跑信号，从而对各种信号刺激做出快速反应，进而抢占先机。

基础反应练习

1. 随机信号起跑

训练目标：提高对听觉或视觉信号的敏锐性和启动速度。

操作方法：让同伴（或教练）用口令、手势或哨声等形式发出起跑信号，起跑时间由发令者定。跑者听到或看到信号后，立即冲刺 10 ～ 30 米。在休息期间，搭配一些简单的动态拉伸或放松。

2. 颜色或数字反应

训练目标：在视觉刺激下锻炼反应速度，提高对多重信息的处理能力。

操作方法：准备几张颜色不同的卡片或写有数字的卡片，同伴随机出示卡片，跑者看到指定颜色或数字时，快速做出相应动作（如高抬腿、开合跳、俯卧撑等），或迅速冲刺到指定位置。反复多次，更换卡片顺序或增加难度（如一次出示两张卡片，跑者在短时间内依次完成两种动作）。

3. 反应球训练

训练目标：提升手眼协调能力与反应速度。球路不确定时，需要快速辨别落点并做出反应。

操作方法：使用常见的六面或八面设计的“反弹球”，因为其形状不规则，落地后会朝不同方向弹起。在墙前或开阔场地，把球向地面或墙壁扔出去，然后迅速移动并接住。可以逐渐增加难度，如向不同方向扔球、让同伴帮忙扔球并标明接球动作要求（用左手或用右手，抑或必须单膝跪下后再接等）。

结合跑步综合训练

1. 随机速度变化跑

训练目标：锻炼身体对不同速度的适应能力，同时培养对外部口令或信号的敏感度。

操作方法：进行常规的放松跑或中速跑，由同伴或教练或手机 APP 随机发出“快跑”或“冲刺”信号（也可事先录制音频，或者使用能随机发音的计时器）。听到信号后，立即加速 10 ～ 20 秒，随后恢复到原速度，等待下一个信号。全程控制在 25 ～ 40 分钟，根据跑者的体能调整。

2. 障碍反应冲刺

训练目标：综合提升步伐灵敏度、变向速度和对突发信号的反应速度。

操作方法：在地面摆放若干标志物（如圆锥、平衡垫或小木桩），形成一个小型障碍或变向路线。同伴根据情况随机喊出“左”“右”或其他指令（也可用颜色卡或数字指令表示不同的变向），跑者需要立刻改变跑动方向或动作（如高抬腿、小碎步、侧身跑、绕柱跑等）。在完成绕障碍跑后，全速冲刺 5 ～ 10 米，再放松慢跑回到起点，等待下一个随机指令。

04 肢体动作速度训练

肢体动作速度训练主要围绕提升四肢爆发力和动作快速转换能力展开。对于跑者而言，加快腿部摆动和手臂摆动的速度，不仅能有效提升步频，还能优化整体跑姿，优化比赛中的冲刺表现。

常用的肢体动作速度训练包括摆臂训练、快速抬腿，以及协调性与敏捷性练习。

摆臂训练

在站立或慢跑中，加快双臂前后摆动的频率，保持肘关节夹紧身体，两肩放松且不耸肩，配合提速时的小幅度躯干前倾。

快速抬腿

通过高抬腿跑练习，增强大腿肌群和髂腰肌的力量与协调性。高抬腿时要注意核心收紧，身体保持正直，避免左右摇摆。

协调性与敏捷性练习

敏捷梯、变向跑、圆圈快步绕桩等练习，可以大大提升神经肌肉对突发指令的反应速度，让身体在高速跑步中依旧保持平衡。

进行以上方式的训练时，需要控制好训练频次及强度，让肌肉得到足够休息与恢复，确保速度提升不以受伤为代价。坚持一段时间后，跑者就能体会到腿脚轻盈、动作敏捷、起跑与冲刺阶段更具爆发力等显著变化。

05 速度训练注意事项

1. 充分热身

无论是哪种速度训练，在开始前都需要进行充分热身，如抬腿、摆臂、关节绕圈等，以使肌肉与关节得到激活，预防运动损伤。

2. 循序渐进

不要一开始就盲目冲击高强度或极限速度，应根据个人实际情况或既定训练计划，逐步增加强度，让身体慢慢适应。

3. 制订计划

合理安排速度训练的频次和时间，如间歇跑、变速跑等，避免单一的速度训练导致过度疲劳或动作僵化。

4. 保持正确的跑姿

尽量保持核心收紧、脊柱中立、抬头挺胸、双臂前后摆动等，以免因姿势不当增加受伤风险。

5. 选择合适的装备

跑鞋应具有足够的减震支撑，服装则要轻便透气，方便腿部的活动及上肢的快速摆动，减少摩擦。

6. 关注身体信号

若在训练中感到明显胸闷、头晕、关节刺痛或心率过快，应立即调整速度或停止训练，避免受到严重伤害。

7. 充分休息

速度训练对神经肌肉和能量系统要求较高，训练后应搭配低强度有氧、拉伸或按摩等，让身体获得充分的恢复时间。

8. 注重力量训练

除了跑步本身，还要结合下肢力量、核心力量和爆发力练习，如深蹲、弓箭步跳等，帮助你在加速时获得更大的推力。

第四节 柔韧性训练：让身体远离损伤

01 双臂柔韧性训练

肱三头肌柔韧性训练

自然站立或坐在凳子上，身体自然放松，挺胸，目视前方。向上方伸出右手臂并弯曲，让右手手背贴在颈部左侧，左手在脑后伸出并抓住右臂肱三头肌处。躯干微微向左侧倾斜，同时左臂协助发力，感受右臂肱三头肌的拉伸感。动作无须停顿，在合适的节奏和频率下进行 10 ～ 15 次，更换方向继续完成 10 ～ 15 次。

肱二头肌柔韧性训练

自然站立或坐在凳子上，身体自然放松，挺胸目视前方。向前方伸出右臂，抬至与地面水平状态，翻转手臂让掌心朝上，伸出左手抓住右手拇指以外的四根手指向下方按压，感觉肱二头肌的拉伸感。拉伸持续 10 ～ 15 秒，完成动作，换手重复。

02 肩背柔韧性训练

三角肌柔韧性训练

自然放松站立，双脚与肩同宽，伸出一只手臂抬至与地面平行，并且保持手臂伸直状态。另一只手臂手腕内侧包住伸出手臂的大臂外侧，并且用五指控制好抬起的手臂。用后伸出的手臂缓缓发力，将与地面水平的手臂向内拉，肩部随着向内拉的频率和幅度逐渐转向发力手臂一侧。当拉伸至较大限度时，停顿 10 ～ 15 秒，感受被拉的手臂肩部肌肉的拉伸感，然后逐渐恢复至起始动作，更换方向重复动作。

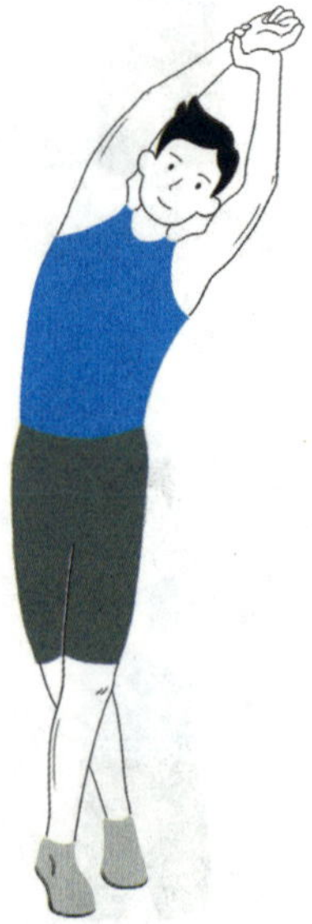

背阔肌柔韧性训练

全身放松，自然站立，双臂向上伸直。双脚交叉，左手抓住右手腕。躯干上半部分向左侧倾斜，同时左手抓着右手腕辅助发力，感受右侧背部尤其是背阔肌外侧的拉伸感。动作持续 10 秒左右，复原，更换方向重复动作。

菱形肌柔韧性训练

寻找一根结实的杆子，面向杆子双手牢牢抓住杆子，俯身下放拉伸肩膀，逐渐向后拉，感受肩胛骨的张力，至拉伸极限停顿 10 ～ 30 秒。

03 腰部柔韧性训练

后腰部柔韧性训练

坐在瑜伽垫上，双腿向前伸直并拢，上身正直，双臂放在身体两侧，调整呼吸频率，让身体自然放松。双腿挺膝夹紧，双手向上伸展并十指交叉，感受胸廓被拉伸。双手向前伸出，上身向前下压，尽力去够脚后跟，感受后腰部位的充分伸展。在自己所能够到最远的部位抱住脚后跟或小腿，感受双腿和后腰的充分拉伸，坚持30秒左右，缓慢复原，然后适当放松后，再次完成2组。

前腰部柔韧性训练

自然站立，双脚与肩同宽。让一条腿支撑身体，另一条腿在保证伸直的状态下向前摆动，随着腿部的摆动，上身躯干也做出适当向后屈的摆动，让前腰部得到充分伸展，后腰部和背部下部收缩压紧。完成10次后，换腿再完成10次。

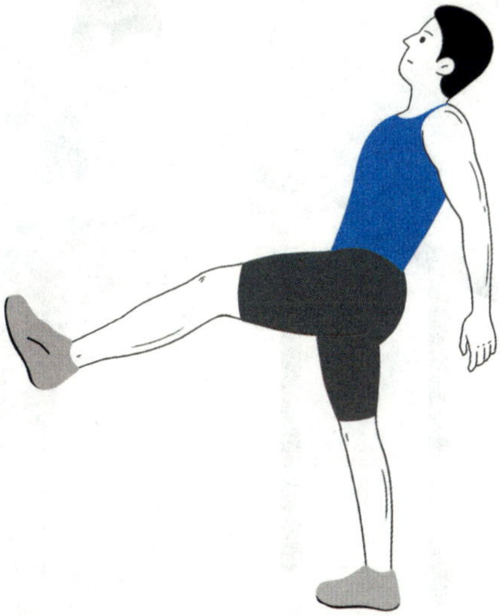

压胸腰柔韧性训练

面对横杆自然站立，与横杆保持大约一步的距离。双臂伸出，肩胸伸展，向前挤压。感受上身的拉伸感，腰背反弓形成自然的弧度，坚持 10 ～ 15 秒。全过程保持双腿伸直，如果动作幅度不够，可以让重心适当前移。

04 双腿柔韧性训练

压腿训练

自然站立，面对横杆，挺胸收腹，调整呼吸。以一条腿支撑身体，另一条腿抬到横杆上，调整好身体重心，掌握好平衡。如果是初学者，可以用手扶着身旁的物体。双腿绷直，不要弯曲，俯身让前胸去够腿部，让上身躯干和腿部尽可能贴近。一侧手臂伸出，随着身体自然向前去尽量碰触拉伸腿的脚尖。下放时呼气，起身时吸气，下压到最低点保持 15 秒左右，缓慢复原。

侧身压腿训练

侧身压腿训练和压腿训练在动作模式和原理方面基本一致，只不过不用面对横杆，而是让身体侧对横杆，让拉伸腿从侧向抬起放在横杆上。下压时躯干向一侧弯曲。下放时呼气，起身时吸气，下压到最低点时保持 15 秒左右，缓慢复原。

坐式压腿训练

坐在瑜伽垫或地上，双腿向前伸直并拢，上身挺直。慢慢俯身，让上身向膝盖靠拢，全程腿部尽量不要弯曲，感受腿部后侧韧带和下背后侧的充分拉伸。下放时呼气，至最低点停顿 2 秒，起身时吸气，动作全程速度恒定，避免忽快忽慢，完成 12 ～ 15 次。

05 双脚柔韧性训练

系统的双脚柔韧性训练，可以增强足部关节活动度，改善下肢整体协调性。以下介绍常见的双脚柔韧性训练方法，每个动作都需要注意呼吸节奏和身体姿态，切勿盲目追求幅度而忽视身体感受。

站姿脚踝拉伸

自然站立，双脚与肩同宽，挺胸收腹，目视前方。保持身体稳定后，一只脚向后伸出，脚尖点地，脚跟尽量下沉，让小腿后侧和脚踝处感到拉伸。脚跟下压时呼气，缓慢起身时吸气。每次下压保持 15 秒左右，做完一侧换另一侧，两侧各完成 8 ～ 10 次。

跪姿足背拉伸

双膝跪地，脚背贴地，臀部坐于脚后跟上。若感觉拉伸强度较大，可在小腿与大腿之间垫软垫减轻压力，也可在足背下垫一条毛巾，减轻不适感。臀部慢慢下压时呼气，回到起始位置时吸气。每次保持 15 秒，完成 5 ～ 8 次。

06 柔韧性训练注意事项

渐进性

柔韧性训练要渐进式进行，千万不能直接上强度，对于平常很少拉伸的朋友来说，突然大力拉伸很可能让本就脆弱的韧带受伤，一定要循序渐进，每次的柔韧训练时间和强度可以比上次增加一点点，以防过度伸展造成损伤。

正确性

柔韧性训练对方式和方法的正确性有很高的要求，训练前一定要确保拉伸动作的正确性，这样才能练到位，而不至于损伤关节或韧带。跑者可以预先找专业人士请教，或者在视频网站系统学习拉伸方法。

个体性

每个人的身体素质不同，训练情况不同，柔韧性也存在较大的差异。我们不能拿一个统一的标准要求所有人，更不能盲目羡慕柔韧性好的人，而忽略了自己的实际情况。在进行柔韧性训练时，一定要充分倾听自己身体的声音，千万不要过度伸展。

节奏性

柔韧性训练要有一定的节奏，训练者要始终保持既定的统一频率，在拉长目标肌群和韧带的时候，要缓慢呼气，尽量放松，在复原动作时要缓慢吸气，千万不可憋气，否则会让身体过度紧绷，影响柔韧性训练效果。

周期性

柔韧性训练要有一定的周期性，跑者可以提前设定好进行柔韧性训练的频率，如 2 天 1 次、3 天 1 次、1 周 1 次等。周期性的柔韧性训练能够保证长期有效性，也便于逐渐增加训练量，不会让身体被突如其来的训练搞得吃不消。

第五节　协调性训练：增强身体稳定性

01 肢体协调性训练

协调性就是人体各个运动部位和器官的协作能力。当我们奔跑的时候，并不是肌肉或骨骼的“单兵作战”，而是肌肉、骨骼、神经以及节奏能力、平衡能力等多种能力的协同配合，而协调性能够帮助我们更好地完成肢体协作，提高运动水平，所以肢体协调性训练对增强身体稳定性、提高跑步成绩很有帮助。

肩部协调性训练

肩部协调性训练能增强肩部的反应能力和平衡能力，让跑者在摆臂时更顺畅有力。

自然站立，双脚与肩同宽，双臂伸直上举，掌心相对。一只手臂直着向前方做出画圆弧的动作。与此同时，另一只手臂向后方做出画圆弧的动作。双臂都是以肩关节为轴心绕环，依次进行，能够全方位活动肩关节。该动作既可以作为热身动作，又能够改善肩部的协调性。每组完成 10 ～ 20 次，建议完成 2 ～ 3 组。每周进行 2 次。

腿部协调性训练

方法一：平躺在瑜伽垫上，全身放松，手臂放在身体两侧，向前上方抬起一条腿，当这条腿开始下降复原时，另一条腿开始上抬，两条腿呈剪刀式交叉。动作的重点在于交替屈髋，全程要保证膝关节的稳定，动作熟练后可以适当加快速度。每组完成 10 ～ 20 次，建议完成 2 ～ 3 组，每周进行 2 次。

方法二：自然站立，双臂自然垂于身体两侧，一条腿在身体后方向上抬起，用另一侧的手去拍击抬起脚的脚背，下落还原，然后换另一条腿完成相同的动作。全程保证动作连贯。每只脚背各拍击 10 次为一组，建议完成 2 ～ 3 组。

全身协调性训练

方法一：站在平衡板或者健身球上面，可以双臂向两侧打开以保持平衡，如果是初学者，可以扶着墙或杆进行练习，等协调性有了提高后再自己练习。

方法二：摆出深蹲姿势作为起始姿势，注意，不要蹲到底，蹲到大腿和地面呈约 45 度角即可。双臂在身前微屈并交叉抱拳，双脚一起发力进行转身跳，先向左转身跳 180 度，再向右转身跳 180 度，反复交替进行。躯干、手臂和腿部姿势保持不变。每组跳跃 10 次，建议完成 2 ～ 3 组。

02 位移动作协调性训练

短距离加速跑

选择合适的场地，在没有遮挡的前提下完成 30 米冲刺跑。提前确定好加速跑的起点和终点，快速从起点冲向终点。全程核心收紧，手臂大幅度摆动，为身体提供前驱力。完成 5 组，组间休息 1 ～ 3 分钟。

侧向加速跑

侧向加速跑和螃蟹步相似，跑动时适当降低重心，膝盖微屈。如果是向左侧跑，先横向迈出左腿，随后右腿跟上；如果是向右侧跑，则先横向迈出右腿，随后左腿跟上。侧向加速跑要保持好身体重心，保证动作节奏，避免绊倒。侧向跑 30 米为一组，建议完成 5 组，组间休息 1 ～ 3 分钟。

后撤加速跑

后撤加速跑时，躯干向前微倾，膝盖微屈，重心适当下移，保证身体稳定。熟练后可提升后撤跑动速度，但要保证后方没有障碍物。后撤跑 30 米为一组，建议完成 5 组，组间休息 1 ～ 3 分钟。

03 运动交叉协调性训练

运动交叉协调性训练就是在运动中让身体左右两侧合作完成各种动作，以提升全身的配合度和灵活度。

左右手抛接球

找一个柔软的球（如海绵球或网球），先用右手抛起再用左手接住，然后再用左手抛起用右手接住。开始时可以在原地慢慢练习，熟练后可以适当增加难度，如在行走中或轻微移动中进行抛接，锻炼身体在移动时的协调能力。

交叉步移动

两脚分开与肩同宽，想象地面上有一条直线，开始时先让右脚跨到左脚外侧，再让左脚跨回右脚外侧，如此往返移动。速度可由慢到快，让下肢在交叉时适应身体重心的变化。

左右脚交替跳绳

传统的跳绳一般是双脚一起跳，左右脚交替跳则是左右脚轮流着地，像跑步一样跳。这样能更好地锻炼左右腿的配合，增强节奏感和协调性。

协调性训练注意事项

在做协调性训练之前，一定要了解自己的身体状况，尤其是关节健康和核心力量。如果身体某个部位曾经受过伤，或者近期有明显的疼痛、酸胀等情况，建议先咨询专业教练或医生，再进行协调性训练。

1. 热身

开始训练前，先进行 5 ～ 10 分钟的热身，如原地小跑、高抬腿等。热身结束后要做适当的放松拉伸，帮助肌肉和韧带恢复弹性。这样能有效降低受伤风险，同时能让身体更快进入状态。

2. 循序渐进

不要一开始就尝试高难度动作。比如，进行交叉步前，先分步学习每个脚步的移动，等熟练后再加快速度或增加变向。这样才能让大脑和肌肉有时间适应新的动作模式，避免因为反应迟钝而摔倒。

3. 质量优先

在协调性训练中，比起追求数量和速度，更要在意动作的规范性和流畅度。过度求快容易导致姿势走形，长此以往会产生疲劳性伤害。

4. 注意休息

当身体出现明显疲劳或不适时，应暂停训练，并补充水分和能量，让肌肉和神经系统获得足够的休息。过度训练不仅不利于协调性的增强，还可能导致反复受伤。

5. 注重身体感受

若训练期间出现头晕、恶心、关节疼痛或其他异常情况，应立即停止并寻求专业建议。身体各项机能的提升需要时间，不能急于求成。

Part 5

跑步方案：跑出多样生活形态

制订计划，不要挑战身体极限

一些人刚开始跑步时热情高涨，总想着“今天一定要跑到极限才算努力”，但这样往往会导致过度疲劳，甚至带来受伤风险。制订一份合理的跑步计划才是长久之计，这样不仅能让身体逐渐适应跑步强度，还能更好地保持跑步热情。

跑者可以先根据自己的身体状况和运动基础，将目标分为短期和长期。短期目标可以是每周完成 3 次慢跑，每次 20 ～ 30 分钟；长期目标可以是在 3 个月后增加跑步距离或提升跑步速度。跑步过程中要时刻关注身体的反馈，如果出现心跳过快、呼吸急促或膝盖不适等情况，需要降低强度或停下来休息。不要觉得放慢脚步或暂停是懒惰，学会倾听身体的“声音”，才是健康运动的关键。

只有在合理的计划下循序渐进，才能在跑步中享受到更多乐趣，从而拥有更加多姿多彩的生活。

第一节 天时：不同时段、天气的跑步方案

01 晨跑

喜欢晨跑的人多出于两个原因：一是工作时间和晚上都比较忙，只有早晨才有可以自由支配的时间；二是认为空腹晨跑的燃脂效果更好。关于第二点，学术界一直存在争论，不过对此持肯定看法的人更多。这是因为经过一晚上的睡眠，人体内储存的糖原已基本消耗殆尽，这时候进行较低强度的有氧运动有助于燃烧脂肪，起到瘦身的效果。

晨跑时间

早晨空气清新，跑一会儿步会使人情绪饱满。晨跑会使全身各器官功能提高到较高水平，并提高一天的新陈代谢率。晨跑时间可以根据自己的日常作息来定。在这里，本书也给出一些建议，供大家选择。

春季（3 月—5 月）： 建议在早晨 7 点左右开始晨跑。

夏季（6 月—8 月）： 建议在早晨 6 点 30 分左右开始晨跑。

秋季（9 月—11 月）： 建议在早晨 7 点左右开始晨跑。

冬季（12 月—次年 2 月）： 建议在早晨 7 点 30 分左右开始晨跑。

晨跑准备

充足的睡眠是美好一天的开始，保证前一晚的睡眠质量，第二天早晨起床后才会有充沛的精力完成晨跑活动，而且能大幅降低运动中出现身体不适情况的概率。建议晨跑前一晚保证 7 ～ 8 个小时的高质量睡眠，给身体“充满电”。

起床后先空腹喝一杯温水，快速激活身体，同时能加快新陈代谢，获得更好的运动表现。建议空腹饮水 200mL 左右，不要饮水过多。

根据当日天气情况适当增减衣物，保证服装透气吸汗，宁可稍微少穿一点，也不要穿得太过臃肿。

晨跑禁忌

不要跑太久。晨跑时多数为空腹状态，如果跑太久，一是会导致体力透支，容易引发低血糖；二是过长时间的空腹有氧运动会导致糖异生现象——“掉肌肉”，也就是说，身体没有多余能量而开始消耗肌肉，这想必是健身爱好者最怕听到的词了。建议把晨跑控制在 30 ～ 40 分钟。

不要在雾霾天跑步。跑步是为了让身体更好，而雾霾天跑步恰恰会适得其反。大雾中含有无数细小的水珠，而且其中混杂许多尘埃和病原微生物等，在这样的天气跑步，轻者可能会感觉胸闷、呼吸不畅，严重者甚至会引发鼻炎、肺炎、气管炎等病症。

强度不要太大。晨跑建议从快走开始，逐渐预热，即使进入跑步状态，也不要过于剧烈，这时身体机能尚未完全被唤醒，只有控制在中低强度，才能真正起到锻炼身体的作用，否则可能对内脏等器官造成损伤。

02 午后跑

这里的午后指下午的 4 点—6 点。

午后跑的优劣

如果抛开其他问题不谈，那么对于多数人来说，午后可谓是跑步的最佳时间段，这时人体通常处于最佳状态。为什么这么说呢？因为午后不像清晨，人们刚刚从暖和的被窝里钻出来，身体还在待激活状态；也不像晚上，劳作一天，身体开始感觉疲惫乏力。

研究发现，体力的最高点受机体生物钟的影响，一般在下午靠近傍晚时达到高峰。比如，身体吸收氧气量的最低点在下午 6 点；心脏跳动和血压的调节在下午 5 点—6 点最平衡。这都说明，如果仅从身体状况的角度来说，午后是非常适合跑步的。如果是冬季，午后温度也不太冷，由气温太低导致的运动损伤和冻伤风险也会明显降低。

但是，午后跑也有不容忽视的弊端。第一，下午 4 点—6 点是大多数人最繁忙的时段，许多人可能没有时间进行体育锻炼。第二，经过漫长的上午、中午，人们的饥饿感常常在这一时间段达到高峰，如果在这时候去运动，显然会给肠胃带来较大的负担。

午后跑建议

确保跑步前 2 ～ 3 小时没有进食。如果午餐时间和午后跑的时间离得太近可能引起胃部不适。

如果是在炎热的夏季，午后是气温高且紫外线较强的时间段，一定要注意运动前、中、后的补水，最好携带小型便携水壶。同时要做好防晒工作，戴上防晒帽或涂抹防晒霜，防止晒伤。

午后跑禁忌

在炎热的夏季，要尽量避免午后跑，这时候气温高、空气湿度大，有中暑的风险。

午后跑结束后避免立即进食。可能一些人跑步结束后感到很饿，但请不要跑完之后直接去用餐，要让身体彻底冷却，并且应休息 40 分钟左右再吃晚餐。

03 夜跑

顾名思义，夜跑就是晚上进行的跑步活动。随着生活节奏的加快，有些人免不了要熬夜，导致很难早起，因此晨跑成了一件奢侈的事，那么不妨尝试加入“夜跑大军”。夜跑能够有效舒缓压力，而且夜间血小板数量有所下降，发生心血管疾病的风险更低。经过一天的活动，到晚上，人们的身体灵活性和协调性更佳，更适合跑步。

夜跑时间

夜跑的最佳时间段是晚间 7 点—9 点。如果吃饭比较晚或者睡觉比较早，可以把夜跑时间提前或推迟半小时。如果夜跑和晚餐时间太近可能引起肠胃不适，如果开跑时间太晚可能影响夜间睡眠，跑者应结合自己的生活习惯灵活调整。

每次夜跑的持续时间不建议太久，这是因为长时间有氧运动会显著提高核心热量，持续时间太长可能会影响入睡。建议大家把夜跑时间设置在 30 ～ 40 分钟。这样不仅能够让全身的运动系统得到比较充分的锻炼，还不容易影响晚上的睡眠。

夜跑建议

夜间光线较差，为了自身安全，夜跑时最好穿上带有反光条的运动装备，确保自己足够“亮眼”。

另外，夜跑一定要选择自己熟悉的路线，确保环境不是完全黑暗的。如果在公园内夜跑，安全性在很大程度上能得到保障，不过由于公园里晚间活动的人比较多，跑步要控制好速度并注意观察周围，防止撞伤他人或被他人撞到。

夜跑禁忌

现在的生活节奏较快，许多人白天忙得不可开交，晚上便喜欢大快朵颐，而吃得过饱再去跑步显然是不利于健康的。要避免晚餐后直接或稍歇就去夜跑，否则会导致肠胃不适。建议晚饭结束 40 分钟至 1 小时后再去跑步，这样能够避免增加肠胃负担。

近些年，夜跑者的安全问题频发，值得每一位夜跑爱好者提高警惕，避免前往偏僻的地方，尽量结伴在安全路线跑步。

晚间车辆密集，如果户外夜跑，尽量避免戴耳机。

04 雨天跑

雨天能不能跑步？本书的答案是多数情况下是可以的。当然，中到大雨乃至暴雨情况除外，假如遇见这种情况，千万不要贪图一时的快意而逞强出行，建议找地方避雨或改日再跑。但在淅淅沥沥的小雨天，空气通常比较清新，户外活动的人较少。这种清静的环境更有意境，这时跑步的话能够有效帮助我们放松解压。

雨天跑建议

雨天跑对鞋子和服饰有特殊要求。雨天一定要选择抓地力好、摩擦力大的鞋子，防滑、防水、轻薄是关键。服装同样要求轻薄、透气，建议套一件防风防水的轻薄冲锋衣，或者套一件便于活动的雨衣。袜子建议选择比较合脚或稍微小一点的，因为袜子吸水后可能会拉伸，容易出现“脱脚”的情况，小一码的袜子就能够有效避免这种情况。

雨天可能出现雨水打进眼睛、影响视野的情况，建议跑者准备一顶轻便的宽檐帽，跑步时适当收紧下巴、微微低头，能在一定程度上避免这种情况，让雨天跑更加舒适。

多数情况下，雨天的气温较平常更低，跑前一定要适当延长热身时间，确保肌肉和关节得到充分热身，尤其是容易受伤的部位，如脚踝、膝关节等。

雨天跑后建议

雨天跑步结束后，尽量避免淋着雨做拉伸放松，也不要在外面闲逛，一定要第一时间回家，迅速脱下潮湿的衣服和鞋袜，冲一个热水澡。洗完热水澡后更换干爽的服装，把头发彻底吹干。同时，建议尽快补充碳水化合物。这是因为大量运动后人体将进入“免疫空窗期”，身体抵抗力明显下降，而雨天跑步更容易出现着凉的情况，及时补充糖分能够帮助跑者快速恢复体力和免疫力。

05 雪天跑

天寒地冻、银装素裹、四周清静……你可想过在这样的环境中跑步？其实，雪天跑具有一定的强身健体作用。当然，雪天跑仅限于积雪不太多的情况，如果是雪花漫天的天气，建议还是“来日再战”。

雪天跑的好处

相比于以上几种跑步，雪天跑有一个明显的好处，就是能够增加 12% 的热量消耗，同时可以刺激体内棕色脂肪的活性，从而提高脂肪氧化率。这样不仅有助于促进脂肪代谢，还有助于加快能量消耗。这对有减肥意向的跑者来说，可谓是不容错过的机会。

在低温的雪天环境中，为了确保身体能够“扛得住”，机体会做出自我适应，逐渐增强心脏功能以及中枢神经系统的体温调节能力。研究表明，保持在

55% ~ 70% 最大心率的跑步强度，每次持续 20 分钟以上，可有效提升心血管适应能力。

雪天跑的配件

雪天跑最容易忽视的配件应该就是护目镜了，积雪会形成强烈的反射，强烈的反射光线会对眼睛造成一定伤害，所以，雪天跑一定要提前准备好护目镜。

虽说雪天跑步无须穿得太厚，但是必备的保暖配件还是应该安排到位的，主要包括手套、帽子、耳包等，防止皮肤在寒风和雨雪的双重刺激下被冻伤。有句谚语说得好“下雪不冷化雪冷”，假如碰到化雪的天气，更要把保暖做到位。但是，千万不要错误地以为紧身保暖裤更保暖，这样反而会影响血液循环，降低保暖效果。

雪天跑的姿势

雪天温度低，往往伴随刺骨的寒风，加之冬天时人的骨关节比较脆，若热身不足非常容易受伤，所以跑者的热身一定要做到位，建议进行比以往更全面的热身。

雪天跑时要适当降低抬腿的高度，如果是刚下过雪，积雪还不厚的路面跑起来还算容易。如果积雪比较厚，一定要注意适当缩小步幅，并且适当降低抬腿高度，这样能更有效地稳定身体，防止跌倒。

适当降低跑步重心，重心的降低会适当减少能量消耗，同时大幅降低意外摔倒的概率。

建议适当减缓跑步速度，保证机体平衡，这样不会给关节带来太大压力。

06 炎夏跑

在炎热的夏季，一场酣畅淋漓的跑步往往伴随大量出汗，让人感觉很“爽”，仿佛全身的毒素都被排了出去。但是，夏季温度高，暑热难耐，跑者必须科学合理地安排跑步计划。

炎夏跑的要点

夏季尤其是仲夏时节，天气非常热，千万要注意防暑。如果防暑工作做不到位，轻则中暑，需要卧床休息；重则可能导致热衰竭和热射病，危及生命。

一些跑者夏季出门跑步前只看温度，殊不知，决定体感温度的除了温度，还有湿度和紫外线，这些统统要考虑在内。举例来说，如果某一天的气温为25～35℃，相对湿度为60%，UV指数为5；另一天的气温为22～32℃，相对湿度为85%，UV指数为6。虽然另一天的气温略低，但是综合来看，还是前一天更适合跑步。所以，不要只看温度，湿度、紫外线都要考虑。

夏季炎热且湿度偏大，按照春秋季节的配速跑步的话，容易出现心率过快、呼吸急促、越跑越累、汗流浃背等情况。这是因为高温、高湿的环境含氧量会相对降低，需氧量和含氧量的关系发生了微妙的变化。不过研究表明，如果跑者能连续两周在热环境下跑步，耐热性会显著提高，心率有可能会适当下降且变得更加稳定。因此，跑步初学者在夏季跑步时应多关注自己的心率，而不要一味追求配速。比如，把心率控制在自己最大心率的59%～74%，充分适应热环境后，再追求更高阶的目标，才能健康且高效地一直跑下去。

夏季跑步水分蒸发量和出汗量大，跑者要注意补水。在跑步过程中大量出汗，是人体调节体温的一种自然机制。但同时意味着体内水分和电解质的流失，如果不及时补充，可能会导致脱水、中暑等问题。为防止这些情况的发生，跑者可以在跑前30分钟喝一些水或含有电解质的饮料。跑步过程中，跑者可以每15～20分钟喝一次水，具体的饮水量可以根据个人情况、跑步强度和天气状况来调整。

炎夏跑的时间

在炎热的夏季跑步，重要的是尽可能避开高温时段，以确保安全和健康。一般来说，清晨和傍晚是较为理想的选择。

清晨气温相对较低，空气清新，适合做有氧运动。经过一整晚的休息，身体能量相对充沛，更容易保持较好的运动状态。注意在早起跑步前补充少量水分。

傍晚日落前后，气温开始下降，更适合进行耐力运动。傍晚体温整体略高，肌肉的柔韧性也更好，不易出现肌肉僵硬的情况。在傍晚跑步时，应选择视线良好、环境安全的路线。

07 寒冬跑

跑步圈流行这么一句话："冬训肯吃苦，开春猛如虎。"看似玩笑，实际上这句话确实有一定的道理。最直观的一点，寒冬跑能够帮助我们消耗热量，达到控制体重的目的，还能提高跑者的最大摄氧量，促进血液循环，增强体质。

除了生理层面的好处，寒冬跑对心理层面也有多项益处。隆冬时节景象萧瑟，人们的情绪受此种环境影响容易变得消沉，而适当的户外运动能刺激内啡肽分泌，帮助人们改善情绪状态，有益心理健康。

既然寒冬跑有这么多好处，那么跑步的时候有哪些需要注意的要点呢?

寒冬跑的要点

寒冬时节，建议延长热身的时间，并针对踝关节、膝关节进行专项热身。要步行至身体微热再开始正式跑步，速度尽量慢一些。

冬季跑步时，穿衣可能是一件麻烦事儿，穿多了活动不便，又怕出汗捂得慌；穿少了又怕着凉。鉴于此，跑者不妨采用"洋葱式"穿衣法。顾名思义，就是穿好几层衣服的方法，大致分成内层、中层和外层。内层要亲肤、吸汗、保暖；中层要隔热、保温；外层要防风、防雪、透气。这样既不至于穿得臃肿，又能应对冬季低温，还能根据身体情况适当增减衣物。

寒冬跑前，建议关注空气质量。若是空气污染指数较高，不建议进行户外跑步，否则可能对呼吸系统造成不小的负担，甚至引发呼吸道疾病。因此，建议跑者在这种情况下选择室内运动。

跑步结束后建议不要在户外逗留，最好直接回家，否则出汗后受低温环境影响，非常容易感冒。至于拉伸环节，可以放在回家之后进行。

寒冬跑的注意事项

在天气过于寒冷时，跑服要注意保暖性，跑步过程中不要随意穿脱，避免感冒。

跑步前做好充分的热身，这可以帮助肌肉适应寒冷天气，减少运动损伤。

第二节　地利：不同场地、场合的跑步方案

01 室内跑步机跑

跑步机是健身房和部分家庭中常见的健身器材。

室内跑步机跑的优势

第一，不受天气限制。无论室外天气如何，都可以在室内舒适的环境中进行跑步训练。

第二，安全性更高。在家使用跑步机比在户外跑步更安全，可以免受交通和路面等不确定因素的影响。

第三，保护膝关节。跑步机通常带有减震系统，比硬质的道路对膝关节和其他关节的冲击更小。

第四，数据统计。现在的跑步机能够追踪和展示运动数据，如跑步速度、距离、燃烧的卡路里和心率等，方便跑者监控训练效果。

第五，多种运动模式。跑者可以根据个人训练需求选择登山模式、间歇模式等不同的运动模式。

第六，边看电影边运动。许多跑步机配备了屏幕或平板支架，使跑者可以边看电影边运动，增加运动的娱乐性和持续性。

跑步机一周计划

周一： 轻松跑，30 分钟，目的是增强体力，让身体逐渐进入运动状态。

周二： 间歇训练，30 分钟，包括热身和冷却。5 分钟热身（轻松跑）+（1 分钟快跑 + 1 分钟慢跑）× 10 轮 + 5 分钟冷却，目的是提高心肺耐力，燃烧脂肪。

周三： 休息。

周四： 登山模式，30 分钟，将跑步机的坡度设置到 4° ～ 10°，配速可调整至 4 ～ 5，根据个人能力调整，目的是增强腿部力量和耐力。

周五： 休息

周六： 长距离慢跑，45 ～ 60 分钟，保持一个稳定、舒适的速度，目的是增强耐力，提高脂肪燃烧效率。

周日： 休息。

02 塑胶操场跑

在体育场、学校以及各类运动场馆，塑胶跑道十分常见，它为人们提供了良好的运动环境。以下是初级、中级和高级三个级别的跑步方案。

初级跑步方案

初级跑步方案适用于刚开始跑步的人，目标是逐步提高体能，增强心肺功能。

跑步目标： 逐步增加跑步时间，目标是能连续跑 30 分钟。

训练频率： 每周 3 天，建议周二、周四和周日。

负荷强度： 保持轻松跑的强度，即能边跑边聊天。

训练时长： 第一周每次 15 分钟，每两周增加 5 分钟，直到达到每次 30 分钟。

练习时间：自行安排。

每周训练安排：周二轻松跑，跑完进行 5 分钟伸展放松。周四间歇跑，轻松跑 5 分钟，快走 1 分钟，重复 5 次。周日连续跑，逐周增加跑步时间。

中级跑步方案

中级跑步方案适用于有一定跑步基础，希望提升速度、增强耐力的跑者。

跑步目标：提升速度、增强耐力，完成长时间的连续跑。

训练频率：每周 4 天。

负荷强度：交替进行慢跑和快跑，部分训练加入坡道跑或阶梯训练。

训练时长：45 ～ 60 分钟，包含热身和放松。

练习时间：自行安排。

每周训练安排：周一慢跑 40 分钟，中等强度。周三速度训练，如 8×400 米加速跑，间隔休息 2 分钟。周五轻松跑或交叉训练（如游泳或骑行）45 分钟。周六长跑，根据个人情况调整距离和时间。

高级跑步方案

高级跑步方案适用于有丰富跑步经验的跑者，目标是参加并完成半马或全马。

跑步目标：提升速度、增强耐力，完成高负荷的长跑训练。

训练频率：每周 5 ～ 6 天。

负荷强度：高强度间歇训练和长时间耐力跑。

训练时长：60 ～ 120 分钟，长跑可达 2 小时。

练习时间：根据天气和个人体力状态安排。

每周训练安排：周一恢复跑，40 分钟轻松跑。周二阶段性速度训练，如 5×1000 米，间隔休息 3 分钟。周三中等强度跑 60 分钟。周四休息或进行轻松的交叉训练。周五间歇跑，总时长 75 分钟，包括快速跑。周六长跑，逐渐增加跑步距离。周日休息或轻松跑 30 分钟。

03 公路跑

公路跑是一种比较常见的跑步形式，除了日常休闲跑步，通常还包括各种距离的比赛，如 5 公里、10 公里等。可以说，公路跑是对跑者速度、耐力等方面的全面考验。

5 公里跑步方案

适合希望提高 5 公里跑步成绩的跑者。

训练频率：每周 3 ～ 4 次。

训练计划：每周至少进行一次持续 45 分钟的慢跑，环绕小区或者附近公园跑步，可以多次往返以达到 5 公里的目标。

训练场地：从家门口出发，沿着小区的道路或人行道慢跑，可以绕小区一周或多周，直到累计达到 5 公里。如果小区内没有适合的长距离跑道，可以考虑在小区附近的公园进行，确保路线相对平坦且交通安全。

10 公里跑步方案

适合有一定基础的跑者，目标是提高 10 公里跑步的成绩。

训练频率：每周 4 ～ 5 次。

训练计划：每周至少进行一次长跑训练，逐渐增加跑步距离至 10 公里。可以选择一个环境较好、安全性较高的地点作为起点，如公园入口或河边小道，往返跑以达到 10 公里的总距离。

训练场地：可选择河边的健康步道作为跑步场地，这些地方空气清新，有助于提升跑步体验。

04 公园跑

公园跑是生活中很常见的休闲跑步形式，不追求极致的运动表现，主张跑者在自然环境中进行锻炼，呼吸新鲜空气，欣赏绿色景观。根据不同的跑步水平和目标，可以制订多种类型的公园跑方案。

公园跑入门方案

适合初学者，目的是逐步适应跑步，增加体能和耐力。从 5 分钟慢跑开始，增至至少 30 分钟连续跑。

训练周期： 8 周。

第 1 ～ 2 周： 交替跑步 5 分钟和快走 3 分钟，总时长 30 分钟，每周 3 次。

第 3 ～ 4 周： 交替跑步 10 分钟和快走 3 分钟，总时长 30 分钟，每周 3 次。

第 5 ～ 6 周： 交替跑步 15 分钟和快走 2 分钟，总时长 30 分钟，每周 3 次。

第 7 ～ 8 周： 连续跑步 30 分钟，每周 3 次。

增强耐力、提升速度的公园跑方案

训练周期： 12 周。

训练频率： 每周 4 次。

周一： 轻松跑 40 分钟。

周三： 间歇跑，5 分钟热身，之后 10 次交替 1 分钟快速跑和 1 分钟慢跑，最后 5 分钟冷却。

周五： 渐进跑，从慢跑开始逐渐加速至快跑，总时长 40 分钟。

周日： 长跑，开始时 60 分钟，每周增加 5 分钟，直至 90 分钟。

进阶公园跑方案

训练周期： 16 周。

训练频率：每周 5 次。

周一：恢复跑 45 分钟。

周三：阶梯式间歇跑，热身 10 分钟，之后 2 分钟极速、4 分钟较快、6 分钟中速、再次 2 分钟极速，最后冷却 10 分钟。

周四：轻松跑 60 分钟，加入 8 次 100 米冲刺。

周六：节奏跑，1 小时，以稍低于比赛速度进行。

周日：长跑，开始时 75 分钟，逐周增加时间，最高达 120 分钟。

05 越野跑

越野跑是一种在复杂多变的自然地形中进行的跑步形式，对跑者的体力、耐力、技巧和适应能力都有很高的要求。根据跑者的经验和技能水平，以下为初级、中级和高级越野跑训练方案。

初级越野跑训练方案

适合刚开始接触越野跑的跑者，目的是增强基本的跑步能力和身体协调性。

训练周期：8 周。

训练频率：每周 3 次。

周一：轻松跑 30 分钟，在平坦的公园小径进行。

周三：技术训练，练习上坡跑和下坡跑的技巧，总时长 30 分钟。

周六：逐渐增加越野跑时间，从 30 分钟开始，每次增加 5 分钟，直至能在不平坦的地形中连续跑 60 分钟。

中级越野跑训练方案

适合有一定越野跑基础的跑者，目的是增强在复杂地形下的耐力。

训练周期：12 周。

训练频率：每周 4 次。

周一：间歇训练，如 5 分钟快跑后 3 分钟慢跑，重复 6 次。

周三：坡道训练，寻找连续的上坡和下坡，进行 60 分钟的持续跑。

周五：恢复跑 40 分钟，选择相对平缓的越野路线。

周六：长跑，从 1 小时开始，每次增加 15 分钟，直至达到 2 小时的连续跑。

高级越野跑训练方案

适合经验丰富的越野跑者，目的是提升速度、增强耐力和在较差地形下有更好的运动表现。

训练周期：16 周。

训练频率：每周 5 次。

周一：恢复跑，45 分钟，轻松跑步。

周二：高强度间歇训练，如山坡冲刺，10 次 30 秒全力上坡，每次间隔 2 分钟。

周四：节奏跑，60 分钟，速度控制在比比赛节奏稍快。

周六：越野长跑，从 2 小时开始，根据身体情况逐渐增加到 3 ～ 4 小时。

周日：技术训练或轻松跑，根据身体感受调整。

06 旅跑

顾名思义，旅跑就是在旅行过程中将跑步与当地的风土人情、自然景观完美结合的一种运动方式。跑者在欣赏美景的同时，还能通过与当地文化的互动，让每一步都充满乐趣。

在制订旅跑方案时，首先，要对目的地的气候、海拔、地形及路况等有一定了解。若是高原或气候炎热地区，宜将跑步安排在清晨或傍晚，以减少高海拔或高温对心肺功能的压力，并随身携带足够的水。其次，根据个人体能与行程安排选择跑步时长与里程。若每天观光景点较多，可将一次完整跑步分成两段，如早起进行 3 ～ 5 公里的短跑，傍晚再进行 5 ～ 8 公里的轻松慢跑。这样既不影响主要行程，又能保持运动量。

在旅跑时，建议随身携带轻便的装备，如轻量级跑鞋、透气运动衣和小腰包，以方便放置手机、纸巾等。若想深入体验当地特色，可以选择在知名景点附近或沿着河岸、古城墙等跑步，感受与平日截然不同的跑步路线。途中可多留意当地的人文风情，若时间充裕，还可与同路跑者或当地居民进行沟通、交流，从而在跑步之余收获更多文化体验。

更重要的是，旅跑要量力而行，避免发生安全问题。如果路线偏僻或人烟稀少，建议结伴同行。一旦出现体能不支、天气突变等情况，应及时停止跑步或更改路线。

07 马拉松

马拉松 42.195 公里的距离，是许多跑者心中的里程碑，它不仅考验体能，更考验毅力与心理素质。

在开始马拉松训练前，先评估自身的跑步基础。如果平时跑量不多，可先进行 8 ～ 12 周的准备，以每周跑步 3 ～ 4 次、单次 5 ～ 10 公里的慢跑为主，配合一定的速度训练或变速跑，逐渐增强心肺功能与肌肉耐力。

半程马拉松训练方案

适合准备参加半程马拉松的中高级跑者。

训练频率：每周 5 ～ 6 次。

长跑：逐步延长跑步距离，最长可达 21 公里。

节奏跑：以稍快于比赛节奏的速度进行，长度从 5 公里逐渐增加至 10 公里以上。

全程马拉松训练方案

适合准备参加全程马拉松的高级跑者。

训练频率：每周 6 次，包括一天的休息或非跑步日。

超长跑：长跑距离逐渐增加至 30 公里甚至更长，模拟比赛的体能消耗。随后进入强化期，这时每周的跑量可逐步增加到 40 公里，并安排每周一次长距离训练（15 ～ 25 公里），帮助身体适应长时间、低强度的持续跑。除跑步外，还可以加入深蹲、弓箭步、平板支撑等动作，增强下肢与核心的稳定性，预防膝盖或腰背等受损。

在训练间歇注意补充营养，保证蛋白质和碳水化合物的适当摄入。保持规律睡眠，控制体重与体脂，这有助于减轻膝关节的压力，让身体更适合长距离奔跑。

临近马拉松比赛时，要逐渐减少跑量，让身体彻底恢复，为正式比赛蓄力。比赛当天要做到良好的心态管理，不要盲目冲刺，也不要因周围环境影响而改变自身配速，稳扎稳打地完成每一个阶段的目标。

第三节 人和：不同人群的跑步方案

01 跑步初学者

不同人群适用不同的跑步方案。跑步初学者由于体能尚未得到充分锻炼，跑步方案应遵循“量少、速缓”的原则，在确保姿势正确的前提下，循序渐进地开展训练。

初期，建议每周进行 3 次跑步，每次时长控制在 20 ~ 30 分钟，以慢跑为主，速度保持在能边跑边说话的节奏。跑步前，务必做好 5 ~ 10 分钟的热身运动，如快走、拉伸等，以防受伤。如果无法持续坚持 20 分钟以上的跑步，可以走一段、跑一段，尽量不要停下来。

第 1 周至第 4 周：每次跑步从快走与慢跑交替开始，如快走 2 分钟，慢跑 2 分钟，重复进行，总时长逐渐从 20 分钟增加至 30 分钟。此阶段的重点在于适应跑步节奏，调整呼吸，确保跑步姿势正确，避免过量运动。

第 5 周至第 8 周：逐渐延长持续慢跑的时间，减少快走的占比，直至能够连续慢跑 30 分钟。尽量在平坦、安全的户外环境或跑步机上进行，保持步伐稳定，心率控制在舒适范围内。

第 9 周起：根据个人体能提升情况，可逐步增加跑步距离（建议每次增加 5% ~ 10%），或适当加入间歇跑、冲刺跑等训练模式（如快跑 1 分钟，慢跑或走 2 分钟）以提高耐力。记得每次跑步后做好拉伸放松，以促进肌肉恢复。

这一跑步方案适合多数跑步新手，强度不大，容易坚持，而且循序渐进，能够让跑者在不知不觉中提升跑步水平，逐步从新手向进阶水平靠近。

02 竞赛选手

竞赛选手已经具有非常良好的运动基础，在耐力、力量、配速等方面都和业余跑者存在很大不同。对于竞赛选手来说，跑步水平的提升速率会明显比初学者慢，就好像考试成绩从 0 分提升至 60 分容易，可是想从 90 分提升到 100 分会比较困难一样。所以，竞赛选手的跑步方案要把“战线”尽可能拉长，其中还要有恢复跑、轻松跑和休息日。

针对竞赛选手的特点，跑步方案要在保证充足的训练容量的同时，还要有持续进步性。

第 1 周

周一轻松跑，8 ~ 10 公里，心率控制在最大心率的 60% ~ 70%。

周二间歇训练，4 组 1000 米快跑，每组间慢跑 400 米，心率控制在最大心率的 90% ~ 95%，目的是提升速度、增强耐力。

周三力量训练，全身力量训练，特别是腿部和核心，目的是增强肌肉力量和稳定性。

周四恢复跑，5 ~ 6 公里，轻松配速，目的是促进肌肉恢复。

周五节奏跑，10 公里，心率控制在最大心率的 75% ~ 80%，目的是提升乳酸阈值。

周六长跑，18 ~ 22 公里，心率控制在最大心率的 65% ~ 70%，目的是增强心肺功能与耐力。

周日进行轻松活动，如瑜伽或拉伸，促进身心放松。

第 2 周

周一轻松跑，距离增加至 10 ～ 12 公里，维持轻松配速。

周二间歇训练升级，5 组 1200 米快跑，每组间慢跑 600 米，目的是进一步提升速度，增强耐力。

周三力量训练，增加训练重量或次数，目的是增强肌肉力量。

周四山地跑或坡道训练，5 ～ 7 公里，目的是增强腿部力量和心肺适应能力。

周五节奏跑，距离缩短至 8 公里，但心率提升至最大心率的 80% ～ 85%，模拟比赛的强度。

周六长跑，距离缩短至 15 ～ 17 公里，但维持相同强度，检验耐力。

周日考虑进行轻柔的有氧运动，如游泳或骑自行车，促进身体恢复。

第 3 周

周一轻松跑，10 ～ 12 公里，注重节奏控制。

周二间歇训练，减少至 3 组 1600 米快跑，每组间慢跑 800 米，目的是模拟比赛节奏。

周三力量训练，加入爆发力训练，如跳跃练习，目的是增强起跑和冲刺的爆发力。

周四恢复跑，距离缩短至 4 ～ 5 公里，轻松配速，主要目的是恢复。

周五模拟比赛，按照比赛配速完成 10 公里，检验训练成果，调整比赛策略。

周六轻松长跑，10 ～ 12 公里，心率控制在最大心率的 60% ～ 70%。

周日进行深度拉伸和放松，准备接下来的比赛或高强度训练。

第 4 周

周一轻松跑，以接近步行的速度完成 5 ～ 6 公里，目的是促进身心放松。

周二短距离高强度间歇跑，如 3 组 400 米全力冲刺，每组间充分恢复，以增强爆发力。

周三轻量级力量训练，维持肌肉状态，避免过度训练。

周四恢复日，进行轻柔的有氧运动，如散步或轻松地骑自行车。

周五赛前战术跑，5 公里，按照比赛策略进行配速调整，模拟比赛节奏。

周六赛前轻松跑，3 ～ 4 公里，目的是调整赛前的身心状态。

周日进行深度拉伸和放松活动，为即将到来的比赛做好准备。

03 减脂、减重者

在制订减脂、减重跑步方案前，我们先要明确两个知识点。

第一个：减脂、减重的关键在于饮食

想要减脂成功，一定要创造热量缺口（摄入热量 < 消耗热量）。对减脂起到决定性作用的是摄入热量，简单说就是“少吃”，而跑步消耗的热量只是一种辅助。因此，如果想减重，关键是要控制热量摄入。

第二个：怎么跑最减脂、减重？

跑步虽然有减脂、减重的作用，但并不是随便跑跑就能让脂肪燃烧，怎么跑，很有讲究。从生理学层面来说，跑步是有氧运动和无氧运动的结合，无非就是两者占比多与少的问题。例如，短时间冲刺，无氧运动占比大；长时间慢跑，有氧运动占比大。其中，有氧运动能够更好地促进脂肪分解，从而达到减重的目的。所以想要减脂、减重，最好进行中低强度的慢跑。

那么跑步的时间怎么把控呢？科学表明，跑步的供能物质主要包括三个来源，分别是糖原、肌肉和脂肪。跑步时间控制在 30 ～ 45 分钟，脂肪供能占比最高，若长于这个时间，肌肉分解比例增高，显然这是我们不愿意看到的。因此，跑步时间控制在 40 分钟左右为宜。另外，如果没有基础性疾病，建议进行空腹有氧运动，这时机体没有多余的糖原储存，能够让脂肪更积极地参与分解，更好地达到减脂、减重的目的。

减脂、减重跑方案

饮食：确保每日总摄入热量低于维持体重所需热量，建议每日热量赤字控制在 300 ～ 500 千卡。提高高蛋白食物（鸡胸肉、鱼、豆制品）和低 GI 碳水化合物（糙米、燕麦、蔬菜）的占比，适当补充健康脂肪（坚果、橄榄油），多吃蔬菜，杜绝零食。注意补充水分。

跑步：跑步前进行 5 分钟轻松快走或动态拉伸。每次完成 40 分钟的匀速慢跑，确保脂肪供能最大化。目标心率保持在最大心率的 60% ～ 70%。每周跑步 4 ～ 5 次。建议选择晨起空腹跑，或者距上一餐 4 小时及以上，以提高燃脂效率。

04 儿童、青少年

跑步运动蔚然成风，许多家长想带着孩子一起跑步，让孩子养成爱运动的好习惯，同时提高身体素质。但是儿童和青少年的身体还没有发育完全，因此在跑步时有许多要点值得家长关注。

儿童跑

关于儿童几岁能跑步，学术界还没有统一的定论，不过比较统一的观点认为，3 岁以下不建议跑步，10 岁以下不建议运动强度太大。对儿童来说，进行固定模式的跑步训练远不如进行趣味跑步来得实在。趣味跑步不仅能激发孩子的运动兴趣，还能无形中提高孩子的身体素质，对身心成长益处良多。当然，给儿童制订跑步方案时，一定要确保安全性。

3 岁以下儿童的骨骼和肌肉尚处在初级的发育阶段，动作协调性也较弱。他们的活动以爬行、行走、户外游戏等自然活动为主，保持日常活动量即可，不建议特意安排跑步。

4 ～ 6 岁儿童的动作协调性逐渐提升，但关节和韧带对高负荷运动的承受能力依然有限。他们的活动以游戏为主，可逐渐增加一些跑跳项目，如追逐跑、简单障碍跑等，但每次时间不宜过长。

6 ～ 10 岁儿童可以做一些有组织的体育活动，重点在于趣味性，可在家长或教练的陪同下进行适量的慢跑、游戏式间歇跑，但总时长和强度依然要“宁少勿多”。

10 岁以上儿童的骨骼和肌肉的生长开始加速，但个体差异较大。有的孩子在 10 岁后运动能力增强很快，有的则较为缓慢，可以在专业教练或家长的指导下，循序渐进地增加运动的强度与训练频率。

两点左右跑：准备两个矿泉水瓶或其他能够标注地点的物品，让孩子在这两点间左右跑（侧滑步）。建议距离近一些，3 ～ 5 米即可，进行 10 ～ 20 次或不间断进行 60 秒。孩子的跑动需要全程在家长的视线中。

原地蹬腿跑：这种跑法排除了路况的复杂因素，孩子不容易摔倒，相对安全。让孩子在充分热身后，原地蹬腿跑。

跳格子跑：找一小片空地或者在家里找一片空闲区域，在地上画好格子，让孩子每一次落脚都落在不同的格子里。孩子玩到兴起，也可以双脚跳格子。这种跑法趣味性足，非常适合 6 岁以下的儿童。

青少年跑

青少年时期是人一生中非常重要的阶段，是从儿童向成人的过渡阶段，年龄集中在 12 ～ 18 岁。这一阶段孩子的生理和心理都处在快速发展变化的过程中。那么，这一阶段的孩子在跑步时有哪些注意事项，又该怎么制订跑步方案呢?

青少年的骨骼已发育到一定水平，能进行具有一定强度的体育锻炼了。这一阶段的孩子如果能有规律地进行科学的跑步运动，将会受益终生。

第一周：跑 2 分钟，走 4 分钟，每次重复 5 遍，每周 2 ～ 3 次。

第二周：跑 3 分钟，走 3 分钟，每次重复 5 遍，每周 2 ～ 3 次。

第三周：跑 5 分钟，走 2.5 分钟，每次重复 4 遍，每周 2 ~ 3 次。

第四周：跑 7 分钟，走 3 分钟，每次重复 3 遍，每周 2 ~ 3 次。

第五周：跑 8 分钟，走 2 分钟，每次重复 3 遍，每周 2 ~ 3 次。

第六周：跑 9 分钟，走 2 分钟，每次重复 2 遍，每周 2 ~ 3 次。

第七周：跑 9 分钟，走 1 分钟，每次重复 3 遍，每周 2 ~ 3 次。

第八周：跑 13 分钟，走 2 分钟，每次重复 2 遍，每周 2 ~ 3 次。

第九周：跑 14 分钟，走 1 分钟，每次重复 2 遍，每周 2 ~ 3 组。

第十周：每次跑 30 分钟，每周 2 ~ 3 次。

10 周为一个周期。

05 上班族

有研究表明，每天久坐 10.6 小时以上，心衰和心血管死亡风险会显著增加。因此，上班族有必要养成规律的跑步习惯。

对于多数上班族来说，晨跑不太现实，虽说咬咬牙也能实现，但是如果晚上没办法保证早睡，长此以往一定会影响白天的精力，进而影响工作效率和身体健康。所以，一部分上班族选择夜跑。但是，应酬、社交、带娃……让一些上班族连夜跑的时间也没有。鉴于此，上班族不妨尝试碎片化跑步方案。

碎片化跑步方案的重点在于把跑步时间分散开来，抓住零碎的时间享受锻炼的益处。下面几种碎片化跑步方案具有一定可行性，上班族可根据自己的具体情况来选择。

碎片化跑步方案一：每隔 1 ~ 2 小时，在办公室的休闲区进行 5 分钟左右的原地踏步和高抬腿动作。保证一天能够完成 4 次，共计 20 分钟。

碎片化跑步方案二：利用上下班通勤距离跑步锻炼，上班族可根据自己到公司距离的远近合理安排。例如，小李从家到公司的距离是 2 公里，骑行需要 10 分钟，开车需要 5 分钟，慢跑大概需要 15 分钟，很适合跑步通勤。但是如果距离太远，不建议跑步通勤。

碎片化跑步方案三：如果晚上的睡眠时间比较充足，精力足够，可以利用午休时间到公司附近的公园跑步锻炼（夏天的中午不建议出去跑步）。另外，利用周末或节假日的碎片时间跑步，也能取得较好的效果。

06 生理期的女性

生理期能不能跑步，是困扰许多女性的一个问题。有些女性朋友觉得，跑步不能停，生理期照样可以跑；也有些女性朋友认为，生理期需要休息，不能进行任何体育锻炼。

其实，生理期能不能跑步并没有一个统一的标准，跑或不跑还是要看自己的身体状况。不过，在生理期的前两天，不建议进行剧烈运动。科学研究表明，女性在生理期的运动表现会明显下降。如果一定要跑，可以在生理期的第 3 天开始跑，并遵循“科学减量，循序渐进”的原则。

需要注意的是，在生理期，跑步的里程要比平时少一些。假如平时是以 7 分的配速跑 45 分钟，那么在生理期，可以降到 7 分半的配速跑 25 分钟。如果以这种方式运动后没有出现任何不适，可以在下次生理期的时候适当增加一些训练量。

当然，生理期跑步并不适用于所有女性，有些女性的痛经情况比较严重，这时千万不要强撑着跑步，一定要多休息，等痛感彻底消失后再逐渐恢复锻炼。

07 中老年人

有数据显示，我国 40 ～ 55 岁的人群成为跑步的主力军，60 岁以上跑者人数也呈增加趋势。因此，如何确保中老年人科学、合理、安全地跑步，就成为重要的话题。

准备跑步前，建议中老年人做一次全方位的体检，确保自己的身体状况适合跑步。如果检查结果显示患有不适合跑步的疾病，如高血压、冠心病、支气管炎等，则要谨遵医生的建议。另外，中老年人应在精神状态和身体状况均较好的前提下进行跑步，如果前一天晚上没睡好，或者感觉身体比较乏力，这时候不建议强行跑步。

对于中老年人来说，适当延长跑前热身时间和跑后拉伸时间十分有必要。老年人容易骨质疏松，韧带和关节的柔韧性普遍也有明显的衰退，所以一定要充分热身，确保运动的安全性。

轻松跑可以说是最适合中老年人的跑步模式。如果感觉没办法跑完自己预先设定的路程，可采用“跑一走一跑”的间歇运动模式，这样可以防止身体受伤。科学研究证明，跑步中的短暂休息可以帮助中老年跑者更好地控制心率，顺利实现跑步目标，同时能让跑步变得更轻松惬意。

最后，建议中老年跑者尝试交叉训练，也就是说不要只做跑步这一种运动，还可以适当骑骑车、打打羽毛球等，这样能让身体获得全方位锻炼。

中老年跑者的跑步方案：

第 1 ～ 2 周：步行，逐渐增加步行时间，让身体适应运动。

第 3 ～ 4 周：“步行 + 慢跑”，并逐步增加跑步比例。例如，快走 5 分钟，慢跑 2 分钟，重复 3 ～ 4 次，总时长约 30 分钟。根据体能调整走与跑的比例。

第 5 ～ 8 周：慢跑，建立稳定的慢跑习惯，控制心率。每次跑步 20 ～ 30 分钟，强度控制在能说话但略感喘气的程度。

第 9 周及以后：逐步增加跑步距离或时间，但避免过度训练。每周增加跑步总时间不超过 5%，如从 30 分钟增加到 33 分钟。可尝试“跑一走一跑”间歇训练，如跑 5 分钟，走 1 分钟，再跑 5 分钟。

08 心脑血管疾病人群

心脑血管疾病人群并不是完全不能跑步，至于应该怎么跑步，可以询问医生的意见，根据自己的实际情况尝试跑步。科学研究表明，适当的跑步锻炼能够让血管弹性得到显著改善，使血液流通更加顺畅。不过，心脑血管病人毕竟是特殊人群，他们的跑步方案不能完全和健康人的一样，否则可能引发麻烦。

低强度运动为主

心脑血管病人本就有基础病，高强度的运动会让血液流通速度明显加快，存在安全隐患。因此，心脑血管病人一定要控制好运动强度，可以佩戴运动手表实时监测心率，将心率控制在安全的范围内；避免肌肉中的疲劳物质（如乳酸）大量流入全身的血液，增加血管、心脏的负荷。

尽量避免晨练

心脑血管疾病多发于清晨时段，尤其是早上 6 ～ 10 点，所以心脑血管病人要尽量避免晨练。可以把跑步时间安排在下午或傍晚，这时血液流通比较顺畅，身体协调性和灵活性更好，运动起来也更加安全。

适合轻度心脑血管疾病人群的跑步方案

第 1～4 周： 适应期。每周 3 次，非连续日进行（如周一、周三、周五）。每次跑步 20 分钟，以轻松的步伐进行，如果身体状况允许，可以将跑步时间逐渐增加至 30 分钟。

第 5～8 周： 提升期。每周 4 次，包括 1 次时间较长的跑步（如 40 分钟）。每次跑步从 30 分钟开始，逐渐增加至 45 分钟。

第 9 周以后： 稳定期。每周 5 次，包括 1 次长跑（如 60 分钟）。每次跑步从 45 分钟开始，逐渐增加至 60 分钟或更长时间。

Tips： 注意身体的反应，如有不适立即停止，并寻求医疗帮助。

Part 6

防伤对策：无惧奔跑的每一步

无伤跑步，用对方法就能避免伤害

跑步是一种简单、有效的锻炼方式，不仅能够促进身体健康，还能帮助我们改善心理状态。然而，事物常常具有两面性，跑步也不例外，在带来好处的同时，也伴随着受伤的风险。

但无伤跑步并非遥不可及的梦想，关键在于掌握正确的方法与技巧。通过了解自己的身体极限，采取适当的预防措施，以及遵循科学合理的训练计划，可以大大降低受伤风险。接下来，就让我们一起探索无伤跑步的方法与技巧，让跑步变得更加安全。

第一节　跑步结束：这些事不能省

01 静态拉伸

跑者除了要跑前动态热身，还要跑后静态拉伸。有些跑者觉得跑完就没事了，忽视跑后拉伸，实际上这是一种片面的认识。

为什么要静态拉伸

跑后静态拉伸对跑者有许多好处。跑步会让肌肉群收缩，处于紧张状态，而静态拉伸可以让这些紧绷的肌肉得到放松，缓解酸痛感。静态拉伸还能改善身体的柔韧性，帮助跑者扩大关节的活动范围。不仅如此，跑后静态拉伸还有助于肌纤维的伸展放松，有效改善腿形。

静态拉伸的要点

第一，刚刚跑步结束，不要立刻拉伸，可以先走一走，等心率稍稍平稳后，再开始拉伸。

第二，静态拉伸的时间要把握好，一般单个部位的拉伸时间控制在 15 秒左右，全身拉伸时间控制在 5 ～ 10 分钟。

第三，拉伸顺序有讲究，建议先拉伸大肌群再拉伸小肌群。

静态拉伸的常用动作

动作一：小腿腓肠肌拉伸

动作步骤：双手撑墙，也可以双手叉腰，一条腿向后退一大步，前腿的膝盖略微弯曲，后腿伸直，背部挺直，抬头看前方，双脚必须踩实地面，脚后跟不要离地。保持 15 秒换另一条腿，重复 2 次。

动作二：股四头肌拉伸

动作步骤：站立（也可侧卧），单腿屈膝折叠，用手勾住脚背，向臀部提拉，保持挺胸抬头。保持 15 秒换另一条腿，重复 2 次。

动作三：腘绳肌拉伸

动作步骤：站立，一侧腿后退一步，前侧腿伸直后，脚前部向上抬起但脚跟不要离开地面，身体前倾，并让后侧腿弯曲，至身体感到明显牵拉感时止。保持 15 秒换另一条腿，重复 2 次。

动作四：臀部肌肉拉伸

动作步骤：仰卧在长凳或瑜伽垫上，一条腿屈膝抬起向另一侧扭转，另一侧手可用来辅助拉伸腿牵拉扭转。动作持续 15 ～ 20 秒，完成 3 次，换另一条腿重复以上步骤。

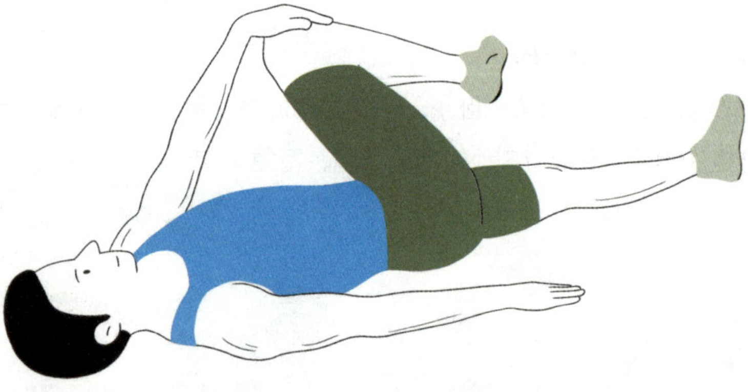

02 冰敷

长跑结束后，跑者会感觉肌肉酸痛，有些跑者认为热敷有助于缓解疼痛，实际上这是完全相反的操作，正确的做法应该是冰敷。

冰敷到底有多神奇

长跑结束后，跑者的肌肉纤维会被破坏，即使没有发生扭伤或拉伤，正常的生理性细胞损伤也会启动身体的修复机制。为了自我修复，全身的血液循环速度和新陈代谢速度会明显加快，体内的毛细血管可能会在这样的压力下破裂，形成局部肿胀，发生生理性的炎症反应。如果放任不管，腿部肌肉可能会疼痛好几天。如果这时候及时冰敷，就能起到类似麻醉剂的作用，在一定程度上抑制炎症反应，同时还能收缩毛细血管，促进肌肉康复。

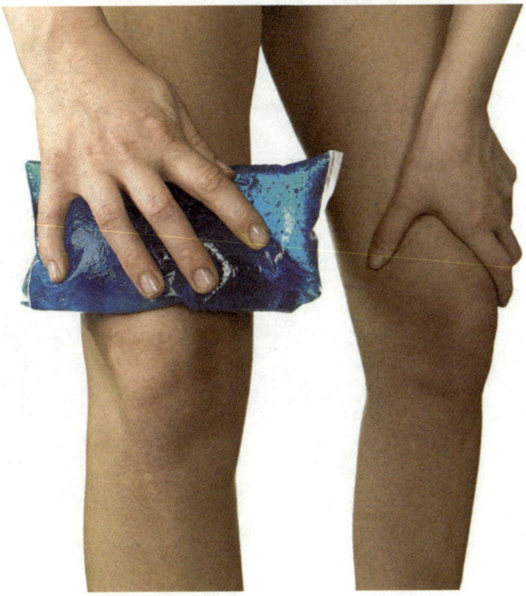

Tips：冰敷虽好，但是大有讲究，如果操作不当，可能会产生反作用。

跑前不要冰敷，否则有可能增加跑步过程中的受伤风险。

冰敷的适宜时间是 15 ～ 20 分钟，如果时间太短，起不到消炎镇痛的作用；如果时间太长，则会适得其反。如果跑步造成了扭伤或拉伤，可以适当延长患处局部冰敷时间，但不要超过 30 分钟。

冰敷的材料建议选择冰块、冰袋或冷冻气雾剂等。如果使用冰块或冰袋，应将其包裹在干毛巾或塑料袋中，避免直接与皮肤接触，以防止冻伤。

恰当的冰敷虽然具有促进恢复的作用，但是冰敷并不是万能的，如果跑者身上有开放性伤口，不建议冰敷。

第二节　跑步伤痛：防范技巧和应对方法

01 岔气

岔气是跑步过程中比较常见的一种情况，多由呼吸肌痉挛引起。跑者可以尝试采用以下方法来防范和应对。

防范岔气小技巧

跑前的准备工作能帮助跑者降低岔气出现的概率。

第一，全面热身。全面、充足的热身能有效避免岔气的发生，热身以身体开始发热或微微出汗为宜。

第二，安排好进食时间。有时候跑者吃完饭没多久就开跑，这时胃还在消化食物，就容易出现岔气的情况，所以一定要吃完饭多休息会儿再开跑。

第三，强化核心。核心的重要构成就是腹横肌，强大的腹横肌能降低壁腹膜的受刺激程度，跑者可通过锻炼腹横肌增强膈膜力量来避免岔气的发生。

应对岔气的方法

第一，调整呼吸频率。多数岔气是由呼吸频率不稳或者呼吸深度不够造成的，跑者可尝试通过调整呼吸频率来应对岔气。一般可由浅表呼吸转变成深呼吸，但深呼吸并不意味着大口大口地呼吸，而是适当缩着嘴唇吸气，让空气吸得更深，并把跑步的频率和呼吸频率结合起来，有利于呼吸肌放松，能够很快解决岔气的问题。

第二，调整跑步配速。跑得太快，超过自身的负荷很容易引起岔气。因此，无论什么时候，跑步都要量力而行，在自己能够承受的范围内进行。岔气后可以适当减慢跑速，甚至停止跑步改成走路，一般在调整配速后，岔气的情况就能够得到改善。

第三，用手按压腹部。双手放在腹部疼痛处，躯干微弯，适当用力按压腹部，叩打胸腔两侧或肋下疼痛处，同时配合几口深呼吸，多重复几次，可以缓解岔气。

02 水疱

跑步过程中起的水疱多是由摩擦形成的，跑者可以通过以下方法来预防。

第一，减少运动量。比如，之前每次长跑里程都在 10 公里左右，可以尝试减少至 8 公里。

第二，更换鞋袜。跑前换好舒适透气的鞋袜，往往能够避免水疱的形成。鞋的尺码一定要合适，且建议不要穿新鞋长跑，等鞋子和脚相互“熟悉”后再长跑，能有效避免起水疱。在穿袜子前，可以抹上一些滑石粉、痱子粉等，也能够有效预防起水疱。

想必不少跑者被水疱折磨过，虽然水疱不是什么病，但是痛感强烈，而且会影响既定的训练计划，这对跑者的心理状态有一定程度的负面影响。跑者可以尝试刺破水疱，加强脚部护理。

第一步，先全面清洗干净脚部，避免出现细菌感染的情况。

第二步，对水疱部位进行消毒，可以用酒精、碘酒、碘伏等涂抹水疱。

第三步，消毒完成后，用一次性的无菌针头轻轻挑破水疱。要注意，在挑破水疱前，最好对针头进行消毒。

第四步，刺破水疱后，尝试从水疱的侧面边缘处轻轻挤压，让里面的细胞液流出来。

第五步，液体排光后，不要把皮肤撕掉，而是保留皮肤，然后涂抹药膏。千万不要错误地认为撕掉皮肤有助于恢复，那样反而会让内层皮肤受到刺激，更难康复。

03 中暑

炎热天气里跑步往往潜藏着中暑的风险，“中暑无小事”，轻则可能出现头晕、呕吐等症状，严重的话甚至会威胁生命。

预防中暑的关键在于合理规划跑步时间，最好避开正午烈日高温时段，选择清晨或傍晚跑步，既能减少阳光直射，又能降低气温对身体的冲击。跑前补充足够水分，跑步时可随身携带水壶，以便及时补水。

穿着透气、排汗效果良好的运动服，并戴上防晒帽，既能遮挡阳光，又有助于保持头部凉爽；既能提升舒适度，又能大大降低中暑的可能性。运动过程中要留意身体发出的不良信号，如果感到头晕或口干，不要勉强继续，应及时放慢节奏或停下来休息。

如果发现自己出现体温升高、虚弱、出汗异常等中暑征兆，应立即停止运动，及时转移到阴凉处，松开衣物，用湿毛巾或冷水降温，同时补充清凉饮品。若症状没有缓解或更加严重了，要及时寻求专业医疗帮助。

在夏季的跑步比赛中，跑者应对中暑保持警惕，任何冒险坚持都可能造成严重后果。保持平和心态，量力而行，在炎热的天气不盲目加速或加量，这样可以在一定程度上降低中暑风险，让运动更安全、更健康。

04 腹痛

跑步过程中出现腹痛的原因多种多样，既可能与肠胃状态有关，也可能与呼吸节奏不当有关，还可能与情绪紧张有关。

想要避免跑步过程中出现腹痛的情况，首先要合理安排饮食。不要在饱腹的状态下开始跑步，可以在跑前一两个小时吃一些易消化的食物，这样既能为身体提供能量，又不至于拖累肠胃。如果距离跑步只有很短的时间，更不宜大吃大喝，因为肠胃需要大量血液来消化食物，一旦运动开始，身体其他部位也要分流血液，就容易引发腹痛。另外，喝水时不要一次性猛灌，否则晃动的胃部容易让人跑着跑着就痛起来。

在正式开跑前，不妨花几分钟做些动态热身活动，让身体进入准备状态，这样跑起来更顺畅，腹部也不易受到突然的冲击。需要注意的是，跑步过程中要控制呼吸，尝试用鼻吸口呼或与步伐配合的呼吸方法，让呼吸节奏更平稳。可以在呼气的同时自然放松肩膀、腹肌，这样能让整个人都舒展开来，从而降低腹痛的概率。

有时候，跑者即便准备充分，也难免会出现腹痛的情况。遇到这种情况，先把速度降下来，或者暂时改为快走，让身体有一个缓冲。做几个深呼吸，尝试放松腹部，也可以轻轻按摩腹部，让不适感慢慢缓解。最好不要逞强继续跑，尤其是疼得厉害时，找个安全的地方停下来观察，如果腹痛的情况迟迟不退，并伴随呕吐、眩晕等症状，就需要尽快停止运动并就医。

在日常训练中，要注意增强核心肌群的力量。通过卷腹、平板支撑等练习，让腹肌与背肌形成足够的支撑，这样能在跑步时抵御过度晃动带来的冲击，降低腹痛风险。

05 低血糖

为了避免跑步过程中出现低血糖的情况，跑者可以学习以下预防和应对低血糖的技巧和方法。

预防低血糖的小技巧

低血糖多发生在长时间没有进食的情况下，这时候人体没有充足的碳水化合物可以调动，缺乏力气的同时，伴随体内营养物质和矿物质的快速消耗，容易引起低血糖。对于容易出现低血糖的人群，建议不要在空腹太久时跑步。

有时候，运动后没有及时进食也可能出现低血糖。所以，运动结束后建议适量补充糖分，尤其是“快碳”（如面条、白饭、馒头、葡萄、香蕉等），让身体快速得到能量补充，能够有效预防低血糖。

低血糖的应对方法

如果跑者已经出现低血糖症状，一定不要强迫自己继续运动，请尝试以下方法缓解症状。

停止运动，寻找有依靠的地方坐着休息，上身靠在支撑处，微微后仰，让身体完全放松，使血糖逐渐恢复正常。在跑步时，随身携带含糖食品或饮品，如小糖果、运动饮料等，出现低血糖症状时快速食用，这能帮助跑者快速提升体内血糖值。

低血糖虽然平常不是多么严重的病，但是发作起来后果也不堪设想。如果症状长时间无法得到缓解，一定要及时就医。

06 高血压

对于血压不稳定的跑者来说，预防跑步过程中出现血压异常的情况非常重要，跑者可以学习以下预防和应对高血压的技巧和方法。

预防跑步时出现高血压的小技巧

合理安排运动强度，不要安排太快的配速。所谓“小心驶得万年船”，要想跑得更远，跑得更稳，就要量力而行。

如果不是专业运动员，不建议把跑步时间拉得太长，时间太长超过心脏负荷的话，很容易导致血压升高。

建议把跑步训练频率调整到合理区间，一般不建议天天跑（轻松跑除外），更不要一天两练。超过身体负荷的跑步只会带来损伤而不是积极效果。

高血压人群和潜在高血压风险人群还要把日常饮食安排好，要多吃低盐分、低热量、高蛋白、高纤维的食物，尽量少吃或不吃高油盐的食物。

跑步时出现高血压怎么办？

假如在跑步过程中出现高血压，跑者一定要记住“四步走”应对法。

第一步，停止运动。在附近找一个比较适合休息的地方休息，让心率、呼吸逐渐恢复平稳。尝试主动调整自己的呼吸，配合全身自然放松。

第二步，补充水分。充足的水分有利于缓解症状，辅助血压恢复正常。

第三步，按时服用降压药。如果跑者本身患有高血压，要注意按时服用药物。在跑步过程中多留意身体状况，一旦感觉不适，要立即停止运动，有必要的话，需要及时就医。

第四步，实时监测血压。跑步时可以佩戴运动手表，实时监测心率和血压，做到有效应对和防范。

07 外伤

外伤是指人体在外界环境中受冲击、撞击或其他机械性伤害而导致的组织损伤，主要分为开放性和闭合性两大类。通过科学合理的热身，能够在一定程度上降低闭合性外伤发生的概率。

跑步外伤这样应对

如果跑者在跑步时受伤了，首先要做的就是停下来，免得伤势加重。然后观察伤势，弄清楚是什么原因造成的。如果是扭伤、拉伤、擦破皮等不太严重的伤，通常休息一下，再做一些简单处理就能缓解。如果伤势严重，或者自己感觉特别疼，就需要及时就医。在看医生之前，可以先做些简单的处理，如冰敷一下伤处，减轻肿胀和疼痛。如果伤口出血，需要做一些止血处理。

对于多数常见的闭合性损伤，如局部拉伤、扭伤等，跑者一般可以采用“PRICE”的处理方式，也就是保护（protection）、休息（rest）、冰敷（ice）、压迫包扎（compression）以及抬高患处（elevation）。

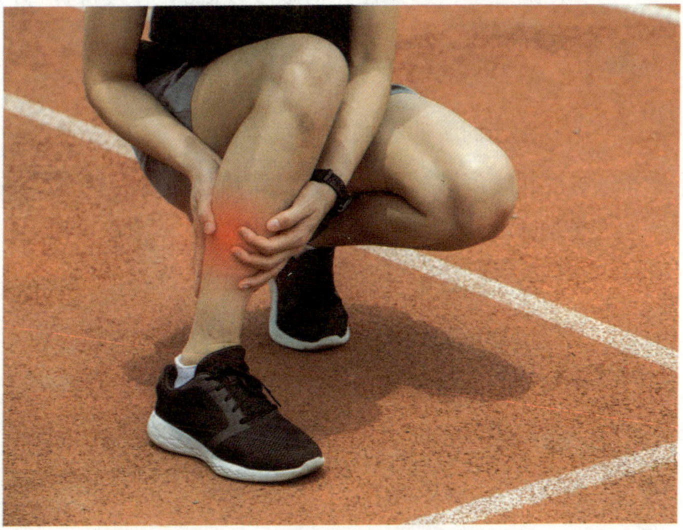

对于开放性损伤，应先止血。处理前先洗净双手，保持伤口清洁，并用干净的敷料或纱布轻压包扎，以防感染。若伤口较大，需及时就医。

08 皮肤过敏

有些人在跑步过程中会出现皮肤过敏的情况，如汗液刺激或接触到某些过敏原等。当然，这种情况并不是每个人都存在，做好防护措施，可以在很大程度上减少这种情况的发生。

接触过敏这样应对

有的跑者受到环境因素的影响会出现某些过敏反应，常见的如紫外线过敏、花粉过敏等，这会在一定程度上干扰日常训练。

紫外线过敏常表现为暴露部位出现红斑、瘙痒、灼热感，严重时还可能出现水疱、脱皮。预防的关键在于减少暴露时间、合理使用防晒产品，如选择含物理防晒成分（氧化锌、二氧化钛）的防晒霜，以及佩戴防晒帽、穿防晒服等。

花粉过敏在花粉浓度较高的季节比较明显，可能出现流涕、喷嚏、眼痒、皮疹等症状。这类跑者可以多关注当地的花粉指数，尽量避开花粉盛行的季节，如春季，选择在花粉浓度较低的时段进行户外训练。

胆碱能性荨麻疹这样应对

跑步时，心率加快，身体变热，敏感皮肤人群可能会出现皮肤发红、瘙痒等症状，多数属于胆碱能性荨麻疹，这种情况“来得快去得也快”。发作的时候，多数患者会出现红色的小风团，范围或大或小，一般直径在 2mm 左右，停止运动且呼吸逐渐平稳后，多数会自行消失。

之所以会出现这种情况，主要是个人的体质问题。有些跑者皮肤上的嗜碱性粒细胞比较活跃和敏感，也有些跑者皮脂腺导管易堵塞。那这是不是意味着这类人群就不能跑步了呢？事实上，只要选择适合自己的方式，并且注意改变生活习惯，仍然可以运动。

饮食：日常饮食要尽量清淡，多吃蔬菜水果，避免辛辣、刺激、油腻的食物。

穿衣：穿着舒适性衣物，如纯棉服饰，尽量不要穿化纤类、毛织类衣物。

沐浴：用温水洗浴，水温比体温略高一点，沐浴用品选择保湿性产品。

情绪：有些跑者出现皮肤过敏和情绪有一定的关系，在日常生活中，跑者要注意调节情绪，尽量少着急，让情绪保持平稳。

运动安排：选择适合自己的运动强度，每次跑步不要强度过大，并根据自己的感受确定运动频率。

重要的是，跑者要结合自己的具体情况来预防皮肤过敏。如果过敏症状严重，要及时就医。

09 肌肉痉挛

肌肉痉挛是指肌肉突然出现的僵硬、疼痛和痉挛性收缩，通常是由肌肉的过度使用或突然的剧烈运动引起的。

肌肉痉挛的预防措施

为了预防跑步过程中出现肌肉痉挛，跑者要注意以下三个要点。

第一，热身一定要充分。在跑步前，针对身体肌肉群进行适当的动态热身活动，预热身体。

第二，跑步的强度要循序渐进地增加，不要一上来就开始冲刺，速度一定是由慢到快的，给身体一个适应的时间。

第三，适当补水。保持身体水分的充沛和平衡，在跑步时伴随运动强度逐渐增大、运动时间逐渐延长，体液流失会比较大。这时候及时补充水分，让身体保持体液平衡，肌肉就不容易出现痉挛。

肌肉痉挛的应急处理方法

跑步过程中发生的肌肉痉挛常见于小腿后侧和大腿前侧，假如跑者在预防措施都做得比较到位的前提下，仍然出现肌肉痉挛的情况，可通过相关部位的科学拉伸进行缓解。

小腿痉挛：小腿肌肉出现痉挛的频率相对比较高。出现症状后，先停止跑步并站在一边，非痉挛的腿向前迈出，对痉挛腿的小腿进行拉伸，前腿弯曲，后腿绷直，拉伸一定要保持住，最少要保证 30 秒。

股四头肌痉挛：股四头肌是跑步时发力较多的肌肉之一，产生痉挛后，让非痉挛腿撑地站立，痉挛腿向后抬起，脚跟去够臀部，感受股四头肌的伸拉感。

除了进行拉伸，跑者还可以通过其他方式来缓解症状，如热敷或按摩。在 24 小时内进行热敷能够有效缓解延迟性痛感，促进机体恢复。

10 肌肉疼痛

肌肉疼痛怎么防

肌肉疼痛其实是一种正常的跑后现象，是一种延迟性酸痛，几乎所有跑者都不能保证 100% 避免。之所以会出现跑后肌肉疼痛的情况，是因为身体中有较多的乳酸堆积。那么，有没有什么办法可以减轻肌肉疼痛呢？跑者不妨学习以下方法。

在跑步开始前，做一些动态热身运动，如开合跳、原地高抬腿、小步跑等，让心肺和肌肉提前进入运动状态。在训练安排上，要遵循循序渐进的原则，不要一上来就大幅提升跑量，要给身体留足适应的时间。跑步过程中留意身体发出的疲劳信号，一旦身体出现不适感，要及时放慢速度或暂停。跑步结束后，别忽视放松拉伸，通过泡沫轴滚压或简单按摩可以帮助肌肉排出多余代谢物，减轻酸痛感。

肌肉疼痛怎么缓解

对于已经出现跑后疼痛情况的跑者来说，如果是正常的延迟性疼痛（非伤病），可以通过以下两种方法缓解。

第一，适度放松。跑后出现肌肉酸痛，多数为正常的延迟性肌肉酸痛，适度休息结合低强度的运动促进血液循环，可以加速代谢产物的清除。

第二，物理手段辅助。使用泡沫轴或按摩枪对疼痛部位进行适度按压与滚动，能缓解肌肉紧张，改善局部血液循环。

11 足跟疼痛

人体足底脂肪层有一层结缔组织，从跟骨一直延伸至跖骨，它就是足底筋膜。许多跑者遭受过足跟疼痛的折磨，而多数足跟疼痛是因为足底筋膜炎——一种常见的足底慢性损伤。

足底筋膜炎患者常会感觉脚后跟附近有痛感，有时即便不跑步，只是正常走路也会感觉到疼痛，按压的时候痛感还会加剧。这对于喜欢跑步的朋友来说，实在不是一个好消息。那么，有什么办法能够预防这种炎症呢？两个字：按摩。

一些跑者在没出现足跟疼痛的症状前，想怎么跑就怎么跑，也不注意脚底按摩。要知道，脚底是人体和地面的唯一接触面，其重要性绝对不容忽视。所以，跑者一定要养成脚底按摩的习惯。比如，每次跑步或进行较长距离的徒步活动之后，都要对足底来一次彻底的、全方位的放松按摩。如果跑者能够坚持这样做，那么可以在很大程度上避免足跟疼痛情况的出现。

对于那些已经出现足底筋膜炎的跑者来说，又该怎么应对呢？不妨试试以下三个简单有效的方法。

方法一：足底筋膜拉伸。坐在瑜伽垫上，双腿向前伸直，用毛巾兜住足底，双手拉住毛巾向后拽，逐渐发力。找到足底筋膜被牵开的感觉，维持姿势

15 ～ 30 秒，然后放松。完成 5 次。

方法二：足底肌强化训练。将一块毛巾放在地上，用脚趾去钩和抓毛巾，整个过程是“用力—泄力”的训练，每组完成 10 ～ 20 次。

方法三：睡觉前泡脚，并用电暖宝对足底加热，以放松双脚肌肉，促进患处血液循环，加快足底筋膜的康复。

12 关节疼痛

跑者关节疼痛常见于膝关节和踝关节，对此，跑者要积极预防，并以积极的心态进行康复训练。

膝关节疼痛的预防和应对

膝关节疼痛也被称为“跑步膝”，它的学名是髂胫束摩擦综合征，是跑步中常见的一种膝部损伤。一般会导致屈膝 30 度时疼痛加剧，髋外展力量下降，膝关节出现弹响等情况。“跑步膝”多是由不良跑姿、跑量过大、肌肉力量不均衡等因素所致。当跑者发现自己膝部出现疼痛时，可能就是“跑步膝”的前兆，一定要提高警惕，做好预防。

每次准备增加运动量或提升配速的时候，要循序渐进，给身体一个适应的时间，避免带给膝盖超负荷的压力。要避免出现“跑步膝”，需要做到以下几点：跑步姿势做到位，避免膝盖内扣、脚外翻等情况；选择舒适的、有较好减震功能的跑鞋；做一些规律性的腿部力量训练，提升肌肉素质；在每次跑步前后做好充分的热身和拉伸工作。

若是没有躲过“跑步膝”，也不要慌张。这时候一定要给自己一些时间，好好放个假，让膝盖得到充分的休息和恢复。

保证充足的休息：停止跑步，减少每日的行走量，多坐着或躺着，不要让膝关节受到太大压力，尽量减轻膝关节的负荷。规律作息，充足的睡眠能够促进机体自我修复能力的提升。

适当冰敷：冰敷能够减轻红、肿、痛等症状，定期规律冰敷，更有利于患处的修复。建议每天冰敷 15 分钟左右，具体时间根据自己的身体状况自行把控。

如果膝关节受损比较厉害，仅依靠自我修复很难达到康复的目的，就需要寻求医生的帮助了，可以在医院的康复中心进行科学理疗。例如，请理疗师进行专业的拉伸训练，利用超声波加速受损组织的愈合；利用冲击波疗法缓解疼痛；配合抗炎药物，促进炎性反应消退；等等。

踝关节疼痛怎么办

踝关节疼痛可能由多种原因引起，如扭伤、关节炎等。为了有效应对踝关节疼痛，可采取以下几种方法。

冰敷：当踝关节出现疼痛时，首先要做的是停止任何可能加重疼痛的活动，给受伤部位足够的休息时间。在最初的 48 小时内，可以每隔 2 ～ 3 小时对踝关节进行一次冰敷，每次 15 ～ 20 分钟。

抬高：使用弹性绷带或护踝对踝关节进行轻度压迫，可以辅助控制肿胀。同时，尽量将受伤的脚抬高至心脏水平，有助于减少血液流向受伤部位，进一步减轻肿胀和疼痛。

康复训练：在疼痛逐渐缓解后，可以进行一些简单的康复训练，包括踝关节的屈伸、旋转等动作，旨在增强肌肉力量、改善关节活动度和提高平衡能力。

第三节 运动康复：习惯痊愈后的身体

01 有效的休息方式

受伤康复后，在逐渐恢复锻炼的过程中，跑者要学会休息，平衡好训练和休息的关系。

休息是运动恢复的“加速器”

休息和锻炼同等重要，尤其是对于受伤初愈的跑者来说。虽然说伤病已经痊愈，但是这时人体的肌肉与神经反应水平均尚未恢复到巅峰时期，所以一定要重视休息，防止运动过量。

合理的休息能够帮助跑者恢复体力并促进肌肉修复。每次运动完，机体的免疫力都将下降到最低点，而充分休息可以快速激活免疫系统，保证机体不易感染疾病。此外，充足的休息能减轻精神压力，让跑者保持比较积极的情绪状态。

学会充分且高效的休息方式

既然休息这么重要，那么，受伤康复的跑者该如何休息呢?

定期休息： 安排有规律的定期休息日。比如，训练 2 天休息 1 天，或者训练 3 天休息 1 天。规律的训练和休息会让身体适应这种状态，始终保持比较稳定的状态。

充足睡眠：对于大多数人来说，一般每天要保证 7 小时以上的高质量睡眠；对于经常运动的人来说，这个要求应该进一步提高，最好能够保证 8 小时以上的高质量睡眠，以促进机体更好地恢复。

情绪恢复：不知道有没有跑者有这样的感觉，有时候感觉身体不是很累，但是一提到运动，总是提不起兴致，这很可能是自己的情绪状态没有被调动起来。简单来说，就是精神太累了，所以要给自己的情绪留足恢复时间。

02 调整跑步计划

伤病初愈后的跑步计划能和之前一样吗？答案一定是否定的。虽说这时候跑者的身体已经基本恢复，但此时的关节和肌肉还都比较脆弱，因此跑步计划就不能和受伤之前的一样。

在重新制订跑步计划之前，跑者可以先尝试问自己这样几个问题：第一，受伤之前的跑步水平如何？第二，因伤停止跑步的时间有多久？第三，自己的跑步经验是否充足？第四，受伤的程度如何？伤病初愈后的跑步计划制订与这几个问题息息相关。接下来，举两个例子来详细介绍。

示例一：小李是半程马拉松爱好者，已经跑步 3 年，有一定的赛事经验，曾多次参加 10 公里跑步比赛和半程马拉松。平时每周跑量在 30 ～ 40 公里，偶尔也会进行一些力量训练。前段时间，小李的膝盖出现了一些轻度炎症，在医生的建议下休息了 3 周。伤势并不严重，但在康复期不能过度训练。

针对小李的情况，可制订以下跑步计划。

阶段一（第 1 ～ 2 周）：低强度恢复跑，每周安排 3 次慢跑，每次 3 ～ 5 公里。

阶段二（第 3 ～ 4 周）：逐渐增加跑量，增加慢跑距离至每次 5 ～ 7 公里，每周 4 次。适当加入力量训练，帮助锻炼膝盖周围的肌肉。

阶段三（1 个月后）：慢速回归常规训练，若膝盖无不适，可以提升至每周 30 公里左右的跑量，适当加入速度练习。

示例二：小张是初级跑步者，只有半年左右的跑步经验。平时每周跑量在10～15公里，基本没有系统的速度训练。在一次跑步中，小张扭伤了脚踝。由于伤势比较严重，停止跑步训练长达2个月。

针对小张的情况，可制订以下跑步计划。

阶段一（第1～3周）：从零开始恢复，主要以步行和简单的脚踝功能训练为主，每天步行15～30分钟。

阶段二（第4～6周）：短距离、低强度慢跑，在确认脚踝稳定、疼痛感消退后，每周2～3次短距离慢跑，配合步行间歇。

阶段三（6周后）：逐步过渡到轻度训练，慢慢增加跑量至每次3～5公里，每周3次，并逐步减少步行间歇。

总之，伤病痊愈后的康复训练一定要根据实际情况来定。没有完全不变的计划，只有最适合自己的计划，跑者要灵活把握。

03 受过伤的人应注意的跑步事项

1. 先进行专业评估

在恢复跑步前，先咨询医生或物理治疗师，确认身体状况是否适合恢复跑步训练，防止再次受伤或延误康复进程。

2. 渐进式增加跑量

从较小的跑量开始，循序渐进地增加距离和提升强度，避免过度训练导致伤病复发。建议在前几周严格控制跑步距离和配速。

3. 重视力量训练

尤其关注核心肌群、下肢小肌群以及关节周围肌肉的强化，有效增强身体稳定性和关节保护能力。

4. 适当安排交叉训练

将游泳、骑行、瑜伽或力量训练等其他运动形式加入训练计划，通过多样化的运动减轻跑步带来的单一冲击。

5. 充分热身

在每次正式跑步前进行充分的动态热身，如高抬腿、原地小跑等，跑步结束后进行静态拉伸，帮助肌肉放松并预防受伤。

6. 留意身体信号

如果在运动中或运动后出现持续的疼痛、肿胀或其他不适，要及时停止跑步，并尽快咨询专业人士，不要硬撑。

7. 使用合理的辅助装备

选择合适的跑鞋并定期更换，必要时可使用护膝、护踝或压缩袜等辅助装备，来提供额外支撑与保护。

8. 控制营养摄入

通过合理饮食与补给，保证恢复期身体所需的营养，避免过大的体重负担给关节带来额外的压力。

9. 设计合理的训练周期

设计合理的训练周期，如“3+1”模式，即 3 周循序渐进提高负荷加 1 周相对恢复，保证身体有充足的休息与修复时间。

10. 重视睡眠

充足的优质睡眠辅以按摩、理疗、冰敷或泡沫轴放松等方式，可以加速肌肉和关节的自我修复，降低再次受伤的风险。

Part 7

健康管理：身体蜕变、心灵疗愈

身心健康，从跑步开始

跑步，不仅是对生理极限的突破，更是探寻内心世界的过程。当我们奔跑在路上时，一方面可以感受身体各部位被激活的力量，另一方面可以在无形中与自己的内心对话。跑步的意义远不止于身体上的改变，它还能帮助我们重新审视自己的生活方式与精神状态。

身体健康和心理健康是人类生活中两个非常重要的方面。无论你是出于对身体健康的追求，还是对美好精神世界的向往，跑步都将是你不二的选择。跑步不仅有助于增强心肺功能，促进新陈代谢，还有助于调节心情，缓解压力，助你拥有健康生活。

第一节　身体健康：跑步吃喝有讲究

01 普通跑者的日常饮食

人们常说“三分练，七分吃”。对于普通跑者来说，在饮食方面要比平时不运动的人更讲究一些，尤其要注意营养搭配。

健康饮食五原则

1. 多吃蔬菜和水果

跑步爱好者的体能消耗通常高于普通人，因此应该摄入更多的蔬菜和水果，以补充维生素。

蔬菜普遍富含膳食纤维、叶绿素、维生素、矿物质等，对人体健康有很大的帮助，建议普通跑者每日摄入蔬菜 250 克以上。而且，要多摄入一些深绿色蔬菜和红色蔬菜，如菠菜、油菜、西蓝花、番茄、胡萝卜和彩椒等。这是因为深色蔬菜所含有的营养物质（如钙、铁、维生素 B 族、维生素 C 等）往往比浅色蔬菜更多，能够在很大程度上帮助跑者实现练后的快速恢复。

另外，建议普通跑者每天摄入中等大小水果 1 ～ 2 个（不能以加工的果汁饮料代替水果）。水果是天然的维生素 C 来源，对于增强人体抵抗力很有帮助。

2. 适当摄入肉类

爱运动的人需要更丰富的蛋白质，足够的蛋白质能够帮助人体增强抵抗力和肌肉质量，这样身体不容易受伤，而且体能和肌肉的恢复速度更快。建议普通跑者每天均衡摄入红肉和白肉。

以一个体重为 80 公斤的成年男子为例，每天应摄入鱼虾 150 克，瘦猪肉（或者牛羊肉）200 克，鸡鸭肉去外皮后可以用来替换猪肉。

3. 适当摄入乳制品和豆类食品

乳制品和豆类食品中含有丰富的钙、蛋白质等，对人体健康有着重要影响。建议普通跑者每日饮食中添加半斤牛奶，以及适量（50 ～ 100 克）的豆类食品。常见的乳制品有纯牛奶、酸牛奶、干酪等；常见的豆类食品有各种豆子、豆腐、豆浆等。

4. 饮食要清淡少盐

虽然盐分和脂肪是身体不可或缺的元素，但是不宜摄入过多。关于脂肪，普通跑者要着重摄取优质脂肪，可选用含不饱和脂肪酸较多的植物油，如豆油、菜籽油、橄榄油等。关于盐分，每人每天的总摄入量建议小于 6 克，少吃咸菜、黄豆酱、豆腐乳、芝麻酱等加工食品，否则容易一不小心就盐分超标。

5. 少量多餐

普通跑者每餐都要避免吃得过饱，尤其是晚餐，还应注意避免摄入过于油腻和不易消化的食物。

日常饮食避雷

在日常饮食中，普通跑者要学会避雷，否则可能会让自己付出的跑步努力功亏一篑。

首先，应尽量避免高油、高盐及高糖的食物，如油炸薯条、甜饮料等。这些食物不仅会导致体重上升，还会增加代谢负担，让人更容易因血糖飙升而犯困，影响跑步表现。

其次，过于辛辣或刺激的食物会对肠胃造成额外负担，影响身体对营养的吸收。咖啡、浓茶等含有大量咖啡因的饮品虽然能起到短暂提神的作用，但同时可能扰乱睡眠，进而阻碍肌肉恢复。

再次，要避免加工食品和速食产品的摄入，它们往往添加了大量防腐剂、精制糖和反式脂肪等，对心血管健康极为不利。

最后，避免暴饮暴食。只有避开这些饮食雷区，跑者才能在训练中保持良好状态，同时减少因营养失衡而出现的健康隐患。

02 竞赛跑者的饮食方案

竞赛跑者需要参加专业比赛，饮食不能像普通跑者一样，而要在遵循营养学的前提下，做好整体把控。竞赛跑者的饮食不能光靠自己的口味来选择，而是要看自己的身体需要什么，对三大营养素（碳水化合物、蛋白质、脂肪）和微量元素进行合理分配。

竞赛跑者的饮食原则

优选优质碳水化合物：竞赛跑者要保证摄入充足的优质碳水化合物，如全谷物、杂粮、马铃薯等。这类食物在提供优质碳水化合物的同时，还能为人体提供丰富的微量元素和膳食纤维。

优选氨基酸种类更丰富的蛋白质：虽然许多食物含有蛋白质，但是蛋白质也是有“等级”划分的，竞赛跑者要优先选用完全蛋白质，也就是氨基酸种类更丰富的蛋白质，如鸡蛋、牛肉、鱼类、鸡胸肉、豆类等，其中，鸡蛋最容易被吸收，转化率接近 100%，竞赛跑者最好保证每日 2 颗全蛋，可另外补充蛋清。

合理摄入优质脂肪：有些跑者“谈脂色变”。事实上，优质脂肪非但不容易让人发胖，还有益于身体健康，增强运动表现。建议竞赛跑者的每日饮食中增加 20 克左右的坚果，并额外补充一粒深海鲑鱼油胶囊。

合理摄入维生素和微量元素：除三大营养素外，维生素和微量元素也不容忽视。建议竞赛跑者在早餐时摄入一定量的蓝莓、番茄等蔬果。

竞赛跑者的饮食方案示例

早餐（7:00—8:00）

主食：全麦面包

蛋白质：水煮蛋或煎蛋（少油）1 ～ 2 个

蔬果： 适量蔬菜沙拉或 1 份水果

饮品： 黑咖啡

午餐（12:00—13:00）

主食： 杂粮饭

蛋白质： 鸡胸肉

蔬菜： 西蓝花、胡萝卜

汤品： 番茄蔬菜汤

晚餐（18:00—19:00）

主食： 少量全麦主食，结合当天总热量需求来定量

蛋白质： 鱼类

蔬菜： 各类蔬菜

训练后补充（视训练时间而定）

如果安排晚上进行跑步训练，结束后 30 ～ 60 分钟内可补充 1 杯高蛋白奶昔。

赛前 3 天至比赛当日的饮食参考

赛前 2 ～ 3 天

碳水化合物储备： 适度增加主食和水果的比例，如在原有基础上增加 1 ～ 2 份杂粮饭、全麦面包或意面；多吃香蕉、葡萄干等易补糖的食品。

蛋白质： 保证每餐优质蛋白质（如鸡肉、鱼肉、蛋类、奶制品、豆制品等）的摄入，但不能过量。

赛前 1 天

晚餐： 以碳水化合物为主（如意面、杂粮饭），尽量清淡少油。同时要有适量优质蛋白（如水煮鸡胸肉、煮鱼或豆腐）。

03 跑步前后的饮食原则

跑步前

跑步前的饮食要兼顾补充能量与避免肠胃负担过重。切忌在空腹状态下进行长时间或高强度的跑步训练，因为这样容易导致血糖过低，使人产生疲惫感。若并非饭后 1 ～ 1.5 小时再跑步，建议在跑步前 30 分钟至 1 小时内，补充少量易消化的碳水化合物，如全麦面包、高纤维饼干、水果或优酪乳。这些食物有助于稳定血糖，并在跑步时提供持续的能量。

若在清晨慢跑，可以在跑步前喝一杯蜂蜜水或温开水，一方面促进新陈代谢，另一方面避免跑步中出现脱水现象。对于习惯用咖啡提神的跑者，可以在跑前适量饮用一杯不含糖或奶油的咖啡，以提升脂肪的燃烧效率。若自身易心悸或失眠，应当谨慎选择，避免对身体造成额外负担。

若计划跑步时长超过 1 小时，应在跑步开始前与过程中合理补充水分。跑步前，可先饮用适量温水，跑步时每 15 分钟补充 150 mL 左右的温水，若超过 1 小时或强度更大，则可选择含糖饮料或电解质饮料，避免出现低血糖或电解质失衡的情况。需要注意的是，千万不要因为天气炎热而大量饮用冰水或冰镇饮料，这样容易刺激肠胃，引发腹痛或其他消化系统问题。

要充分认识碳水化合物的重要性。要知道，45% ～ 55% 甚至更高比例的能量来自碳水化合物，所以合理搭配主食（如米饭、面食、土豆等）和水果、蔬菜，既能为跑步提供稳定的能量来源，也能避免跑后出现明显的饥饿感与疲惫感。

跑步后

跑步后的首要工作是为身体补充流失的水分。此时不宜喝含咖啡因的饮品，如咖啡、浓茶或可乐等，因为咖啡因利尿，容易导致水分流失更快。最好的选择是饮用温水、运动饮料或矿泉水，来帮助体内维持水盐平衡，降低因脱水导致的风险。

跑步后通常会产生肌肉酸胀与疲劳感，这是由体内乳酸等酸性代谢物的积聚造成的。要促进身体恢复，宜多吃一些碱性食物，如蔬菜、水果、豆制品等，帮助中和体内过多的酸性物质。相反，肉类等偏酸性食物不宜在跑后立即大量食用，否则会加重酸性环境，不利于运动疲劳的消除。

建议在跑后 1 小时左右再进食正餐，若此时身体对固体食物的接受度较低，可以先摄入果汁、低糖豆浆之类的流质食物。当距离下一餐时间较长时，还应适当补充碳水化合物与优质蛋白质。

切忌盲目摄入过多蛋白质或高热量食物。摄入适量蛋白质可以帮助修复肌纤维，但过量摄入会被转化为脂肪进行储存，且消化蛋白质需要大量水分，由此导致身体更易脱水。

跑步并非单纯的“多吃就能多补”，而需要综合考虑时间、强度与个人情况，选择恰当的营养搭配，才能让身体获得更理想的恢复与提升。

04 跑步中的食物补给

在长跑的过程中，身体需要补充能量和水分，尤其是持续 1 小时以上的中长距离或高强度跑步，糖原消耗加剧，若不进行合理的食物补给，容易出现疲劳、低血糖或痉挛等问题。科学的补给可以起到稳定血糖、延缓疲劳、提高跑步表现的作用。

补水

跑步过程中大量出汗会导致体内水分和电解质流失，若仅靠清水补充，容易造成电解质稀释不均。因此，跑步过程中的补水应选择运动饮料或电解质饮料。根据个人出汗量，每 15 ～ 20 分钟适量饮用 100 ～ 200 mL 运动饮料或电解质饮料，既能补充流失的水分，又能维持体内电解质平衡。

补充糖分

如果跑步时间在 1 小时以上，身体会逐渐消耗储存在肌肉和肝脏中的糖原。当糖原耗尽时，跑者容易出现低血糖的情况。常见的跑步糖分补给包括能量胶、能量棒或小包装的葡萄糖饮料，这些补给品消化吸收速度快，能在短时间内提升血糖水平。补给间隔可安排在跑前 45 分钟或跑步过程中每隔 30 ~ 45 分钟一次，根据个人需求灵活调整。

补充蛋白质

如果跑步时间接近 2 小时，摄入适量蛋白质或少量脂肪有助于维持体力。跑者可以选择含坚果碎粒的能量棒，或是含乳清蛋白的运动饮料，帮助延缓能量消耗过快的状况。但需要注意分量，避免造成消化负担，过量进食或补给过于频繁会导致肠胃不适，影响跑步表现。

05 功能性饮料的取舍

简单来说，功能性饮料就是那些专门为了满足特定需求而设计的特殊饮品，如常见的运动饮料、能量饮料或某些含有特殊营养成分的饮品。它们大多主打快速补水、补充电解质或糖分，让人在运动中不容易感到疲劳。不过，这些饮料到底该怎么选、什么时候喝、有没有必要喝……需要跑者仔细思考。

市面上的运动饮料通常含有电解质，包括钠、钾等。人在大量出汗后，光喝白水并不足以补回流失的矿物质，这时候运动饮料能起到一定的作用。但要注意这类饮料中的糖分含量，如果运动时间不长或强度不大，喝太多甜味饮料会导致热量摄入过多，影响体重控制，同时造成血糖忽上忽下，得不偿失。

一些能量饮料含有咖啡因或其他刺激成分，能让人短时间内保持更高的专注力，具有更强的爆发力。要是跑者准备做高强度间歇训练，这种饮品或许能带来一点“额外动力”。可是，咖啡因摄入过多容易导致心悸、失眠等问题，而高糖分也会增加身体负担，还是要按需少量饮用，别把它当日常饮料喝。

很多打着“添加草本”“富含维生素”等名号的功能性饮料，其实功效往往没有想象中那么神奇，不必盲目跟风购买。普通跑者保持健康的身体，更重要的是平时多吃蔬菜和水果，保证营养均衡。如果真有特殊需求，最好请教营养师或专业教练，看看自己是否真的需要饮用这类饮料。

总的来说，功能性饮料并不是人人必备的饮品。对于跑步而言，科学的训练计划和均衡的日常饮食才是基础。功能性饮料可以作为某些特殊情况下的补充，切勿一味追求“功能”，忽视了身体真正的需求。

06 养成良好的饮食习惯

良好的饮食习惯不仅能帮助跑者维持健康体重，还能为身体提供稳定的能量，让跑步更有活力。

均衡摄入营养

碳水化合物能为跑者提供跑步所需的主要燃料，蛋白质有助于修复和加强肌肉组织，蔬果中的维生素和矿物质可以帮助身体机能稳定运转。只有每天适量摄入主食、肉蛋奶和蔬果，才能保证营养全面又不过量。跑者要均衡摄入各种营养，避免挑食。

合理安排进食时间

每天三餐定时，避免因过度饥饿而一次性吃太多；也不要为了控制体重而长时间不进食，这样容易导致暴饮暴食。跑者可以在正餐之间适当加一两次健康小点心，如坚果、水果或酸奶，以维持稳定的血糖水平，减少因疲劳或情绪波动带来的不必要进食。

细嚼慢咽

吃得太快，往往会在不知不觉中摄入过多的热量，还可能导致消化不良。放慢速度、多咀嚼几次，不仅能减轻肠胃负担，还能让大脑更好地感受到“饱腹感”，帮助跑者更好地控制进食量。

记得喝水

每天保证 1500 ～ 2000 mL 的水摄入量，运动出汗较多时可适量增加，以免因脱水导致疲惫或肌肉痉挛。

控制饮酒量

对于跑步爱好者来说，喝酒的弊端十分突出。往“浅”了说，酒精会影响跑者当日的训练状态；往“深”了说，酒精会增加患心脑血管疾病的风险，长期饮酒对跑者的体力和耐力也有较大的负面影响。因此，跑者一定要控制饮酒量。

另外，不要在喝完酒后立刻去跑步！这种做法非常危险，不仅容易引发急症，危害身体健康，还可能导致在跑步过程中发生意外。

坚持做到这几点，跑者就能逐渐养成良好的饮食习惯，在跑步中保持充沛的精力与良好的状态。

第二节　心理健康：找回内心的平衡

01 初跑者常遇到的畏难情绪

对于一些刚开始跑步的人而言，畏难情绪往往是绕不过去的一道坎。明明看着别人跑步轻松自如，自己却刚开始就感到呼吸急促、双腿沉重，因此产生自我怀疑：体能跟不上怎么办？万一坚持不住岂不是很丢脸？身体不舒服是不是代表我不适合跑步？……这一连串问题，很容易导致初跑者打退堂鼓。其实，这些畏难情绪很正常，学会坦然面对并逐步化解，就能让跑步之路更加顺畅。

在日常生活中或社交媒体上，跑者经常看到其他跑者分享他们的成绩、里程和跑步心得，一些跑者难免会产生比较心理，总觉得自己起步太慢、耐力不足。事实上，每个人的起点不同、追求不同，不必因为跑得慢或跑得短，就全

盘否定自己的能力。以个人目标为导向，慢慢来，找到自己的跑步节奏即可。

有人担心身体会因为跑步出现损伤，也有人因为一点点酸痛就立刻联想到严重的伤病。其实，合理的热身、正确的跑姿和适度的训练强度，都是预防运动伤害的有效方式。若能在跑步前进行恰当的热身活动，让肌肉和关节先“醒过来”，再配合跑后的舒缓拉伸，往往可以大大降低受伤概率。

一些初跑者在跑步时觉得“好累啊”，以为这是身体发出的“不适合跑步”的信号，便轻易放弃。其实，运动中出现适度的疲劳感很正常，只要注意区分疲劳与真正疼痛之间的差异即可。

当然，除此之外，初跑者还会有这样或那样的担忧。无论是什么样的顾虑，只要你有想跑步的决心，那么出现畏难情绪并不可怕，只要科学规划、慢慢适应，便能一步步克服焦虑，真正爱上跑步。

02 身体的抗议与坚持的理由

在跑步的过程中，一些人感到身体似乎在“抗议”——可能是肌肉紧绷、膝盖隐隐作痛，或者单纯觉得心跳太快、呼吸不顺畅，等等。这些信号有时会令人怀疑身体是不是跑出了问题？要继续坚持，还是听从身体的“抱怨”，干脆停下来？

跑者要认识到，跑步带来的肌肉酸胀感和轻微的疲劳感，是身体在适应运动过程中的正常现象。尤其对于跑步新手来说，第一次或前几次跑步后出现肌肉酸痛的情况，往往是肌肉组织因不适应新的运动量而产生的适应反应。只要休息好、调整好跑步强度，这种酸痛感通常会逐渐减轻。

若是关节或肌肉出现明显的刺痛或持续性痛感，就要特别小心。这可能意味着运动过量、姿势不当，或是身体尚未做好充分热身。此时不要勉强自己继续跑下去，而应及时放慢脚步或停止跑步，视身体的反应再做决定。

面对身体的“抗议”，为什么要继续坚持跑下去呢？一方面，跑步不仅能改善体能，还能促进内啡肽的分泌，让人心情愉悦，缓解压力和焦虑。另一方面，坚持规律性跑步能够有效增强身体的免疫力。很多跑者在坚持一段时间后会发现，自己变得更专注，更有耐心，对待工作或学习更有激情。

当然，坚持跑步的前提是科学、适度。学会观察身体的变化，掌握循序渐进的训练方法，适当休息并均衡补充营养，就能在跑步中收获正面的回馈。

03 赛前的心态调整

对于很多跑者来说，从日常训练到能够参加正式比赛，既令人兴奋又令人紧张。而比赛当天的心态，往往影响跑步水平的发挥。以下几点建议，或许能帮助跑者在比赛中更从容和自信。

设定清晰的目标

若是第一次参加比赛，不必过度纠结成绩，可以将安全完赛、感受赛事氛围等当作主要目的。这样一来，一旦比赛中出现突发状况，也能更坦然地面对。对于有经验的跑者，也要分清“目标成绩”和“理想成绩”之间的差异。目标最好基于自身训练情况制定，如果盲目追求理想成绩，反而容易给自己施加过大压力，得不偿失。

尝试模拟跑

比赛前一两周进行一次模拟跑，按照预计的配速、装备和补给方式进行训练，让自己熟悉比赛各环节的节奏。这样在比赛时，跑者会更从容，从而减少紧张感。除此之外，提前了解路线、补给站设置以及天气情况等，也能让跑者的心理准备更充分。

调节情绪

大多数跑者会在起跑前非常紧张，出现心跳加速、手心出汗等情况。此时可以尝试深呼吸，让呼吸变得缓慢且有节奏，平稳地调节心率，帮助身体和情绪一起“预热”。上场后，不要过度关注周围选手的速度，更不要一开始就与其他选手盲目竞速，以免打乱自己的配速计划。放松心态，找到让你觉得舒服、稳定的步频。

04 跑步其实没那么重要

对于很多跑者来说，跑步已经成为日常生活中不可或缺的一部分：朋友圈里的里程打卡、一次次刷新配速纪录、追求更好的身材与体能……然而，跑者也要明白，跑步并不是生活的全部，更没有必要为了一个计划或目标牺牲原本的快乐。

如果你发现自己对跑步并没有很高的天分，也不必强迫自己“硬着头皮”坚持。天赋差一点儿，并不代表就不能享受运动带来的乐趣。或许在跑步之外，你可以寻找另一种更适合自己的健身方式，如游泳、骑车、跳舞等。重要的是保持身体健康和心情愉悦，而不是一味地盯着运动成绩不放。

如果你一时没能在预定时间完成训练计划，也不要过于苛责自己。生活中的变数很多，工作和家庭的琐事常常会打乱跑步节奏，但这并不意味着失败。与其懊悔、焦躁，不如学着灵活应对。比如，缩短跑步距离，尝试其他形式的锻炼，或者干脆休息一天，等等。即使计划完成得再完美，如果丢失了最初的快乐，那又有什么意义呢?

跑步只是健康生活的一种方式，别让它变成内耗的来源。很多跑者为了实现目标，不惜牺牲睡眠、减少陪伴家人的时间，甚至影响了工作和学习。要知道，真正的健康不只是身体强壮，还包括精神健康和情绪健康。如果跑步让你感到压力重重，那就违背了跑步的初衷。

学会放过自己，既不盲目跟风，也不陷入自我否定。用平常心去看待自己在跑步上的表现，就算偶尔偷懒、状态不佳，也能坦然接受。毕竟，人各有志，生活也不止跑步一件事。找到适合自己的节奏与方式，与自我和解，才能真正享受跑步带来的那份美好——自由、随性以及对健康的由衷追求。

附　录

附录 1：人体肌群一览图

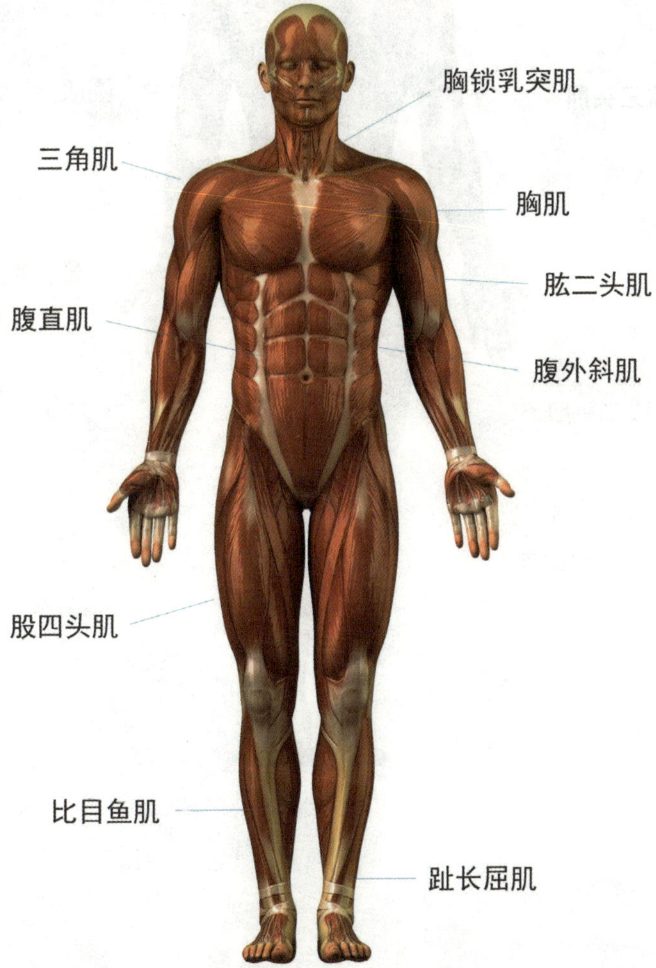

人体肌群（正视图）

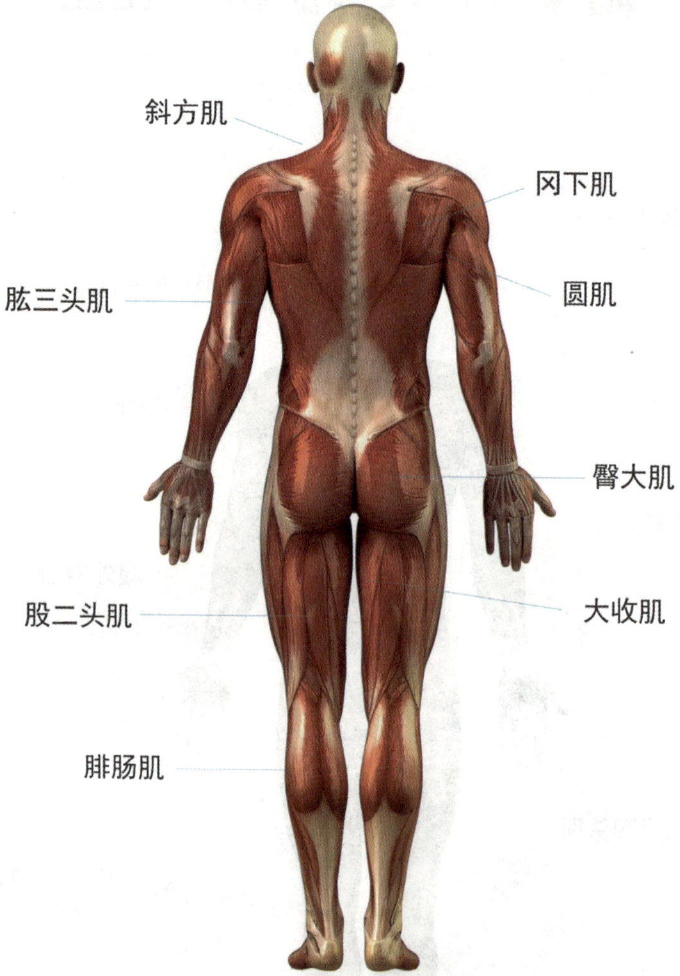

人体肌群（后视图）

附录 2：20 种助力跑步的食物及其营养价值列表

20 种助力跑步的食物及其营养价值列表	
食物	营养价值
全麦面包	优质碳水化合物，提供能量
燕麦	慢碳（复杂碳水化合物），提供持久能量
甜椒	富含维生素 C，修复组织
花椰菜	富含维生素、矿物质，提高免疫力
菠菜	富含铁、镁、叶酸
土豆	高纤维，富含维生素 A 和钾
香蕉	富含钾，维持神经肌肉功能
樱桃	天然抗氧化物
蓝莓	富含花青素，抗氧化，促进恢复

续 表

20 种助力跑步的食物及其营养价值列表	
鸡胸肉	低脂高蛋白，促进肌肉恢复
牛肉	优质蛋白质，富含铁
鲑鱼	富含 Omega-3 脂肪酸，减轻炎症
鸡蛋	完全蛋白质
牛奶	富含钙和蛋白质
酸奶	高蛋白，富含益生菌，有益消化健康
豆类	植物蛋白质，加速恢复
杏仁	维生素 E、健康脂肪
核桃	富含 Omega-3 脂肪酸
腰果	富含镁和不饱和脂肪酸
黑巧克力	抗氧化剂，保护心血管健康